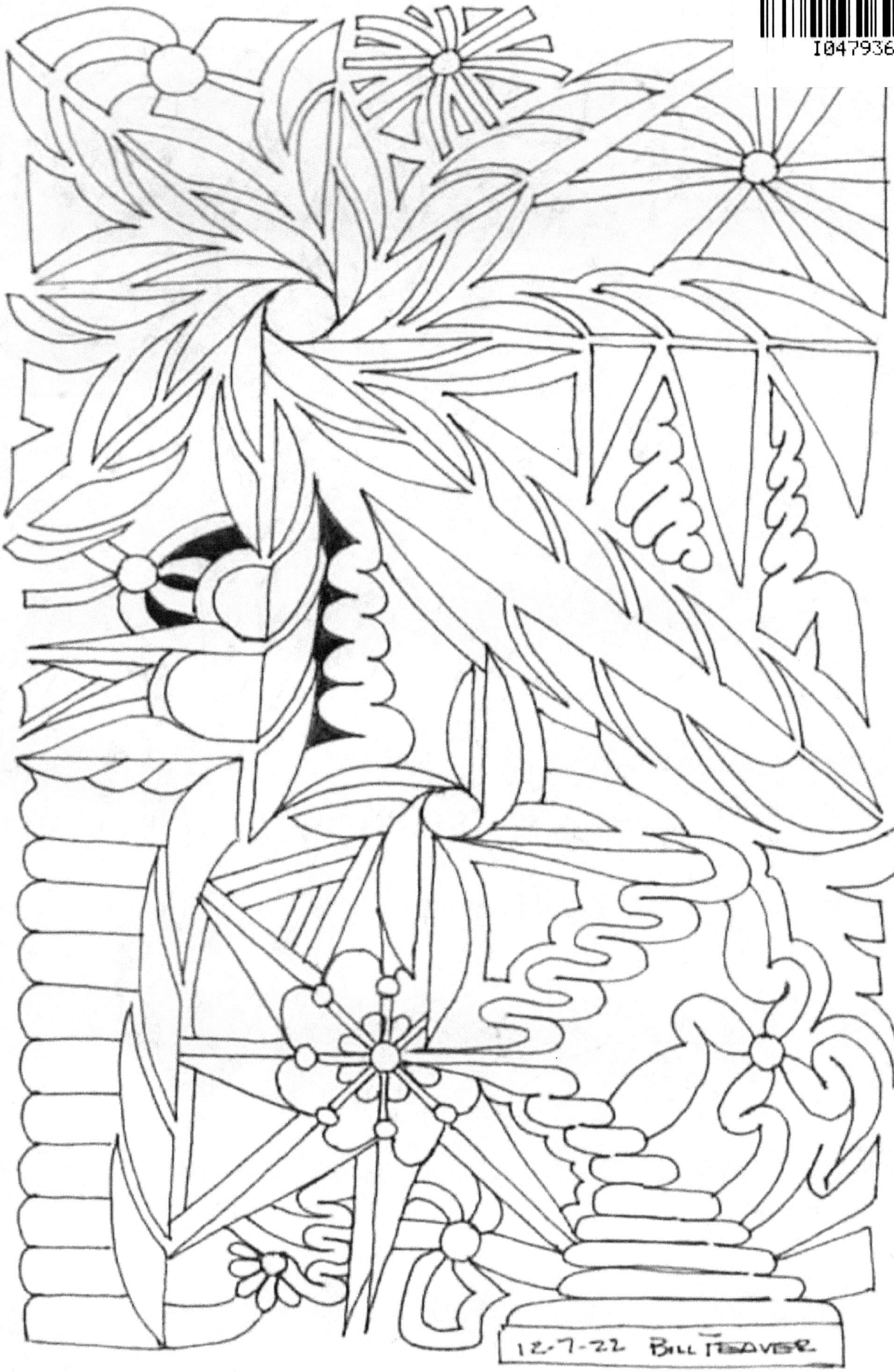
12-7-22 BILL

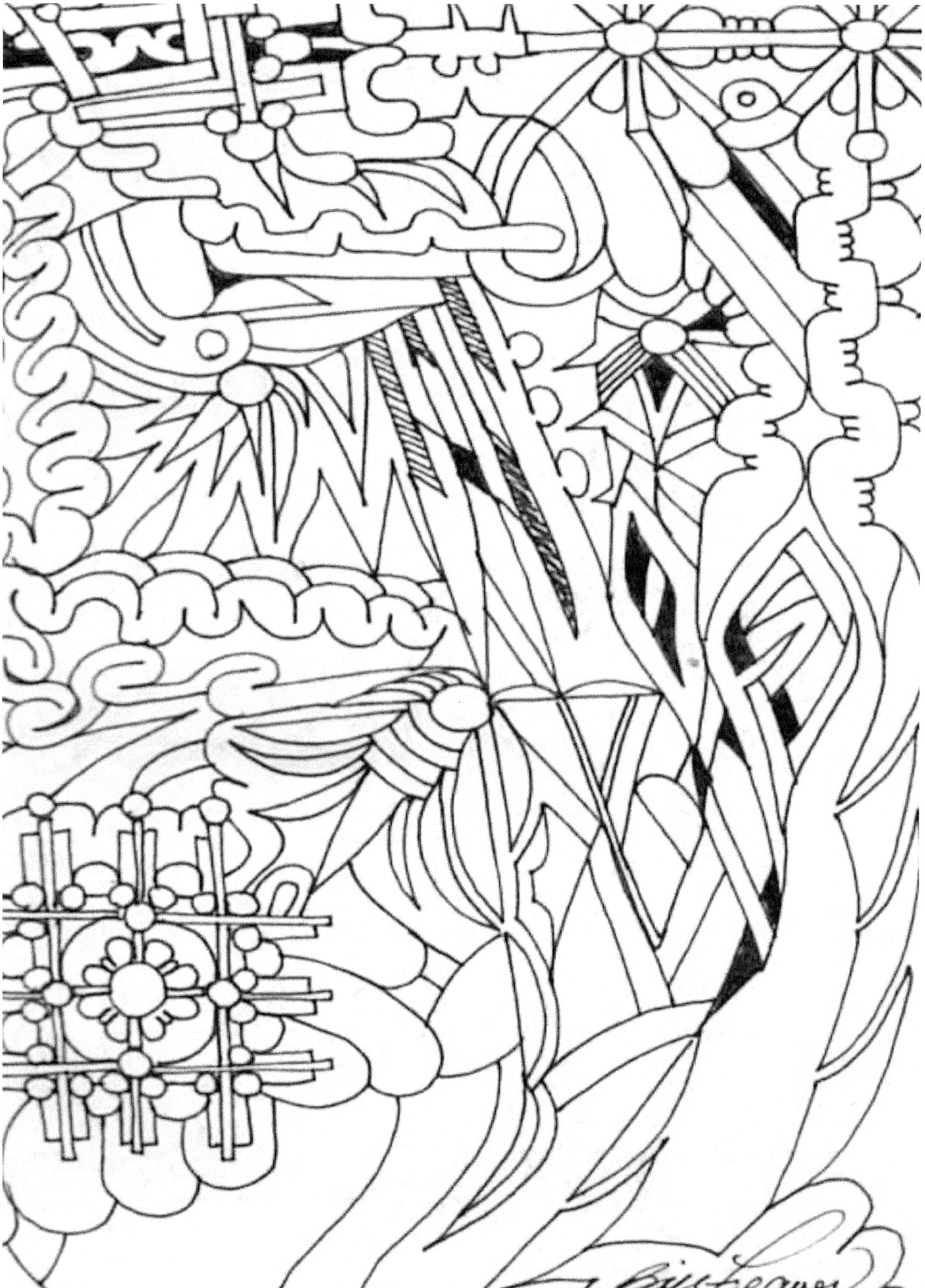

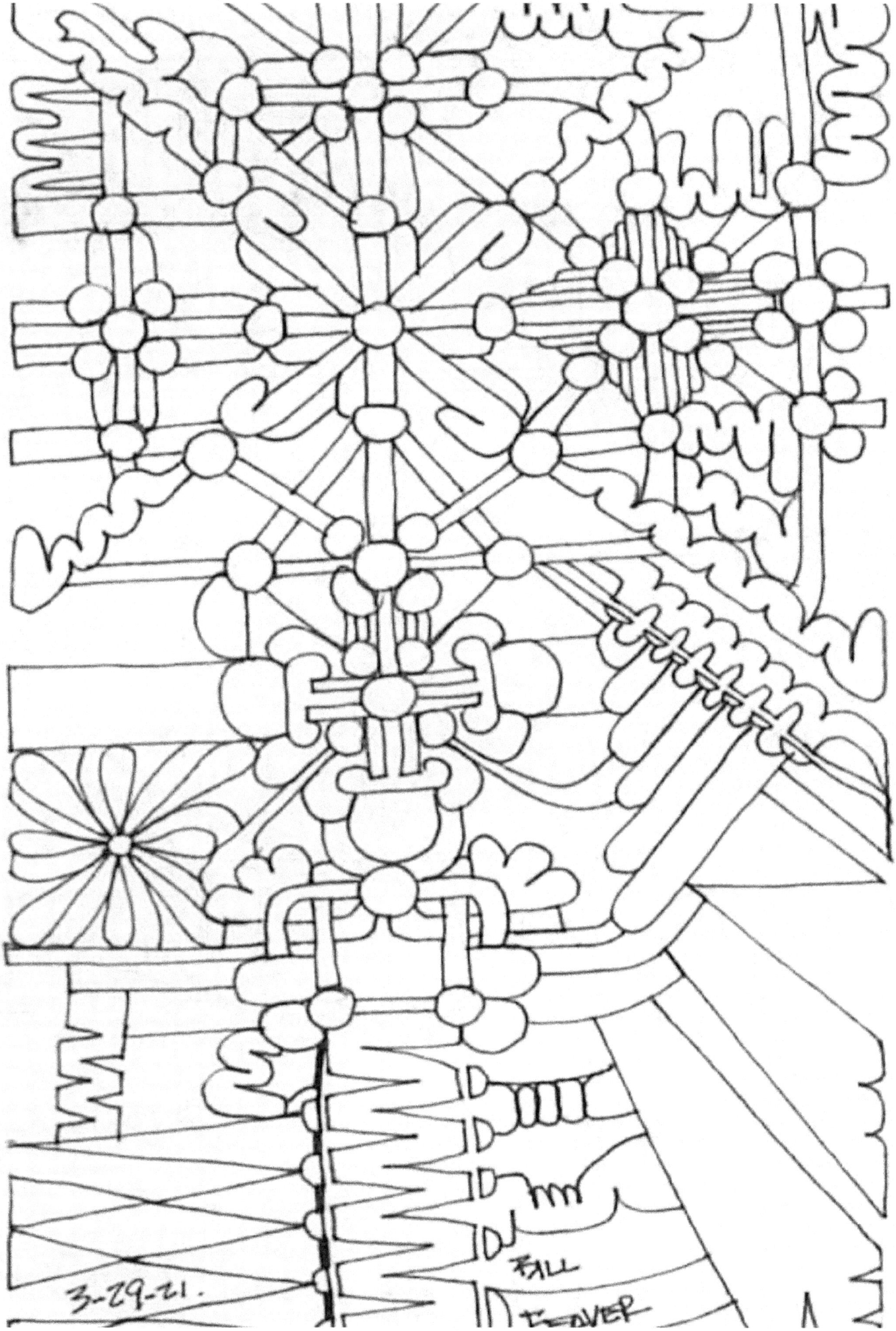
FALL
FOREVER
3-29-21.

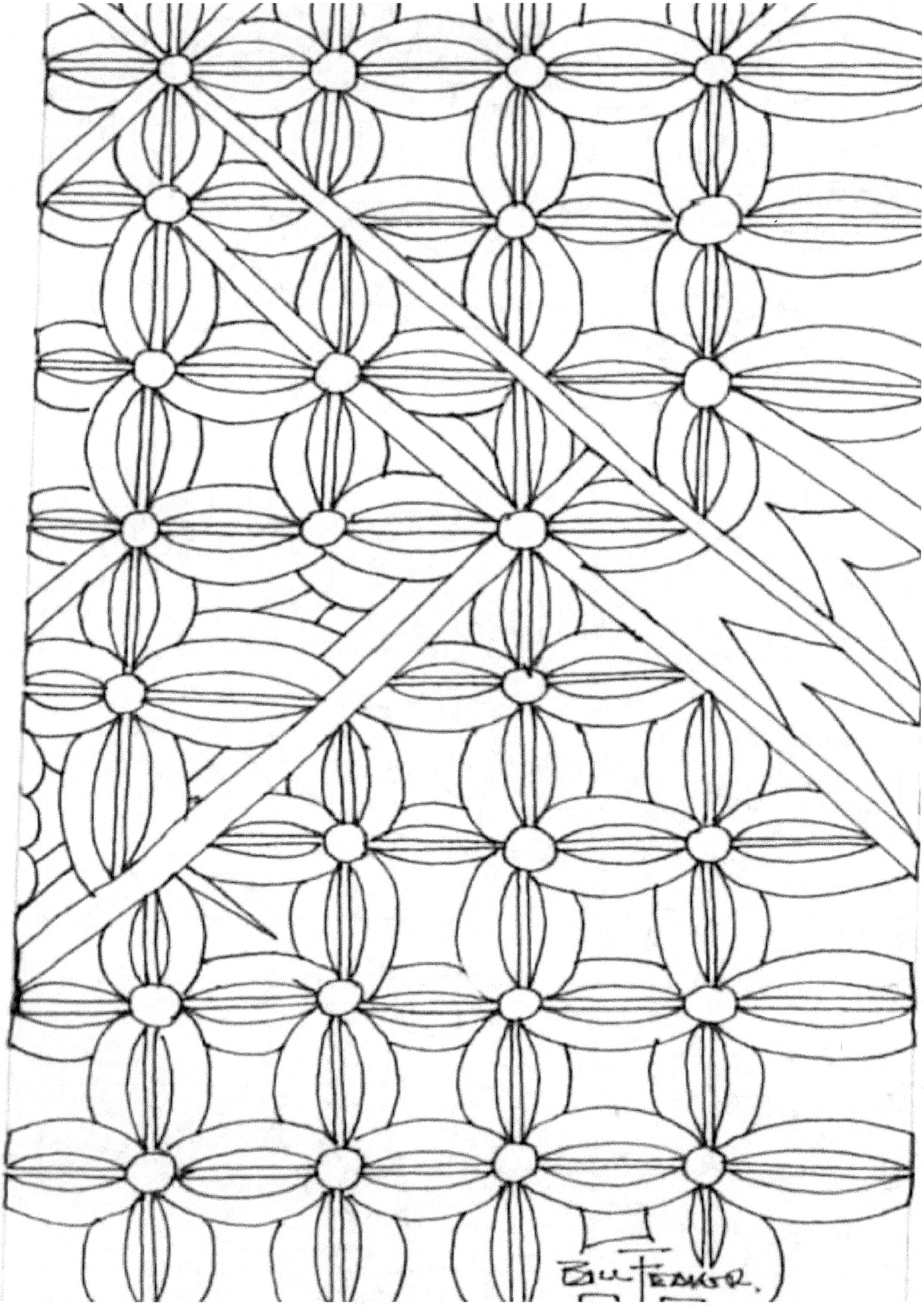

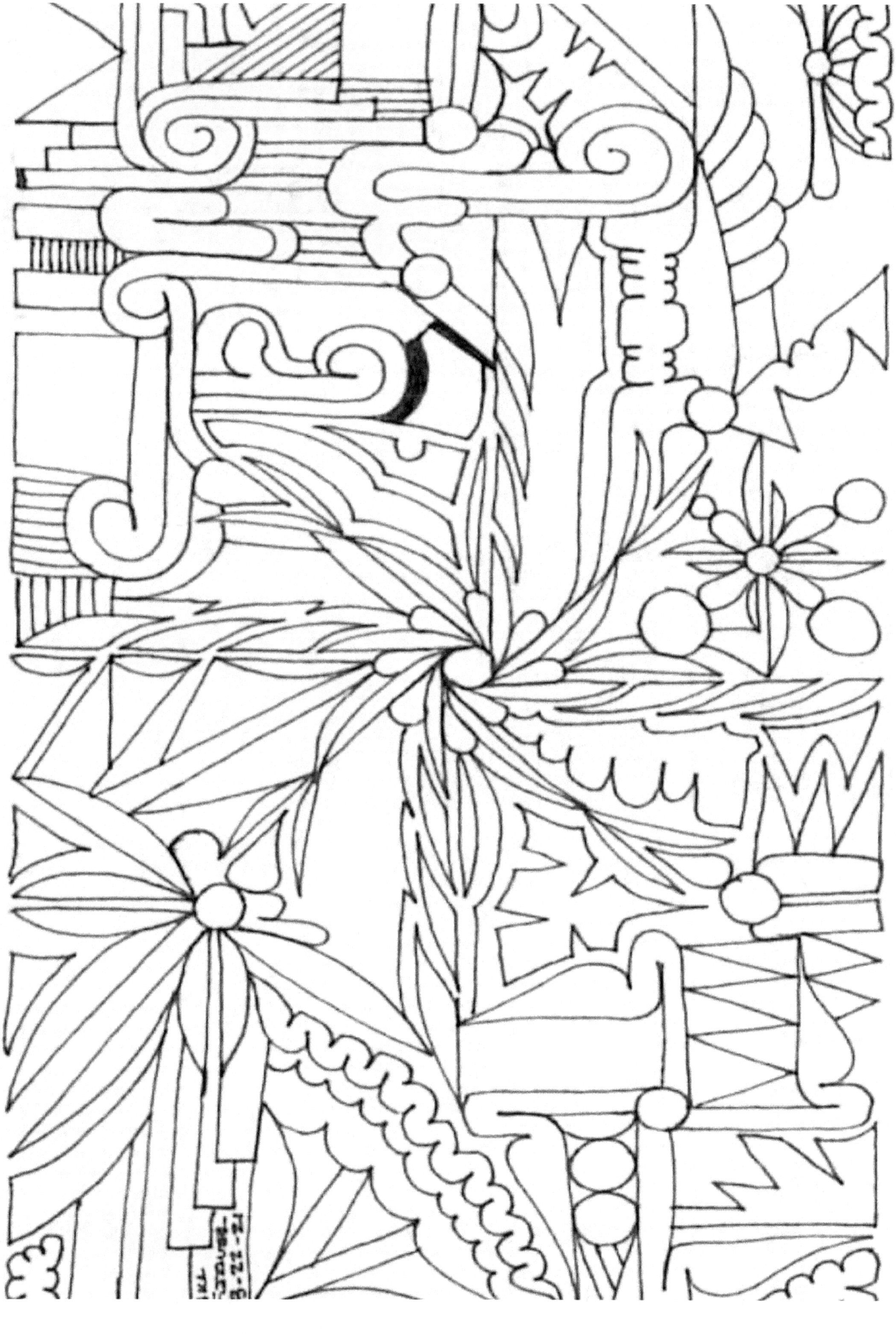
8-22-21

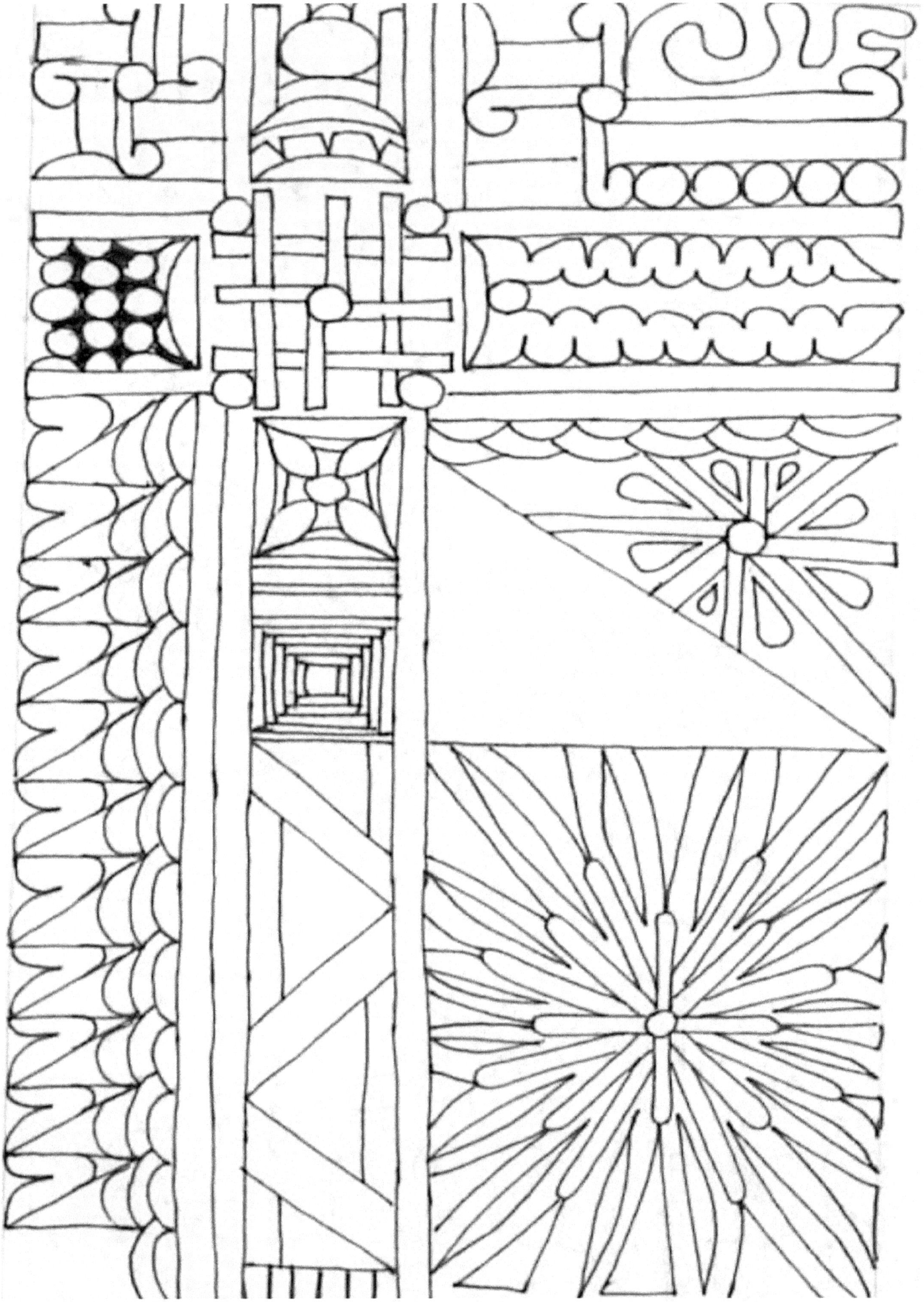

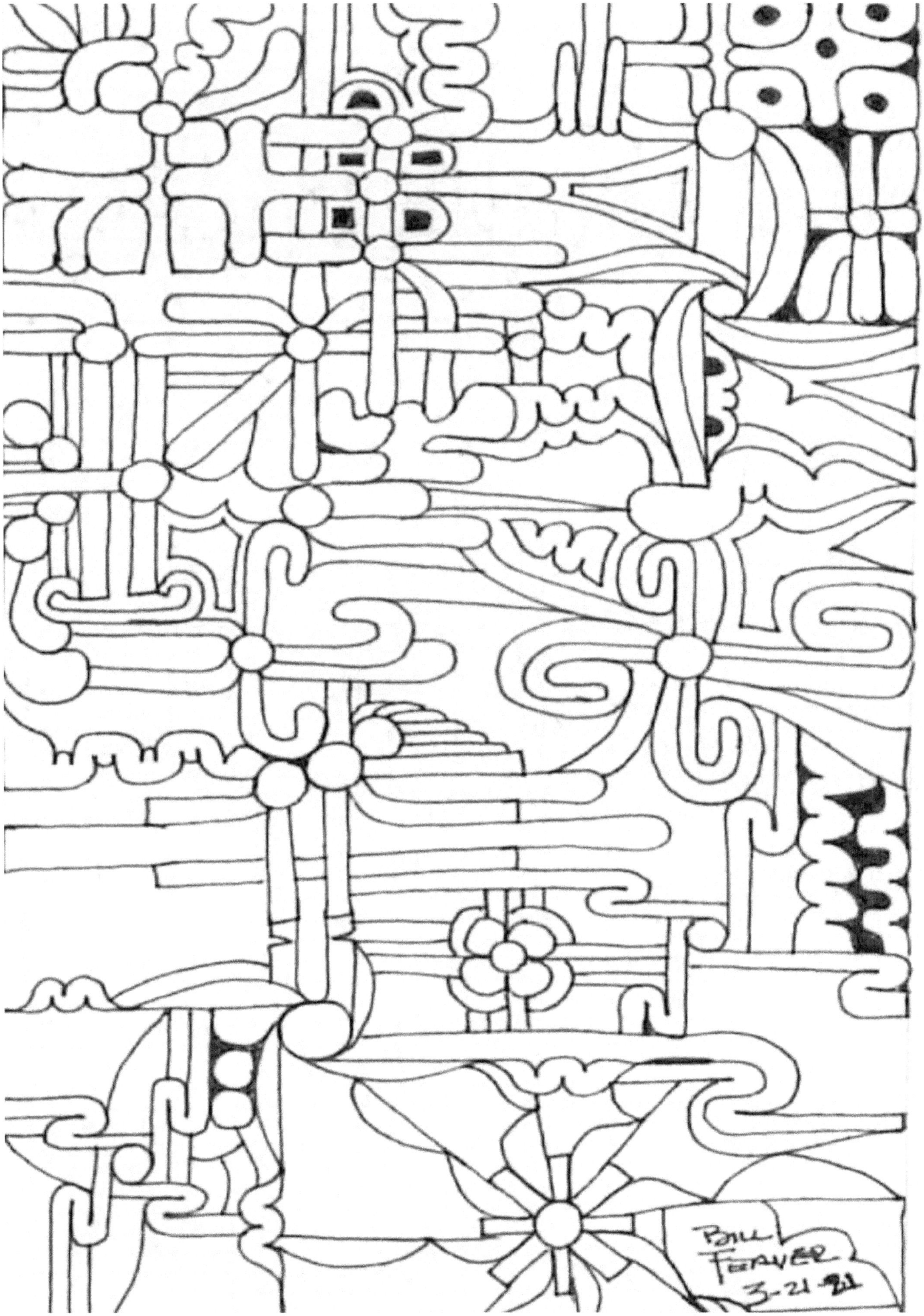
Bill Farver
3-21-21

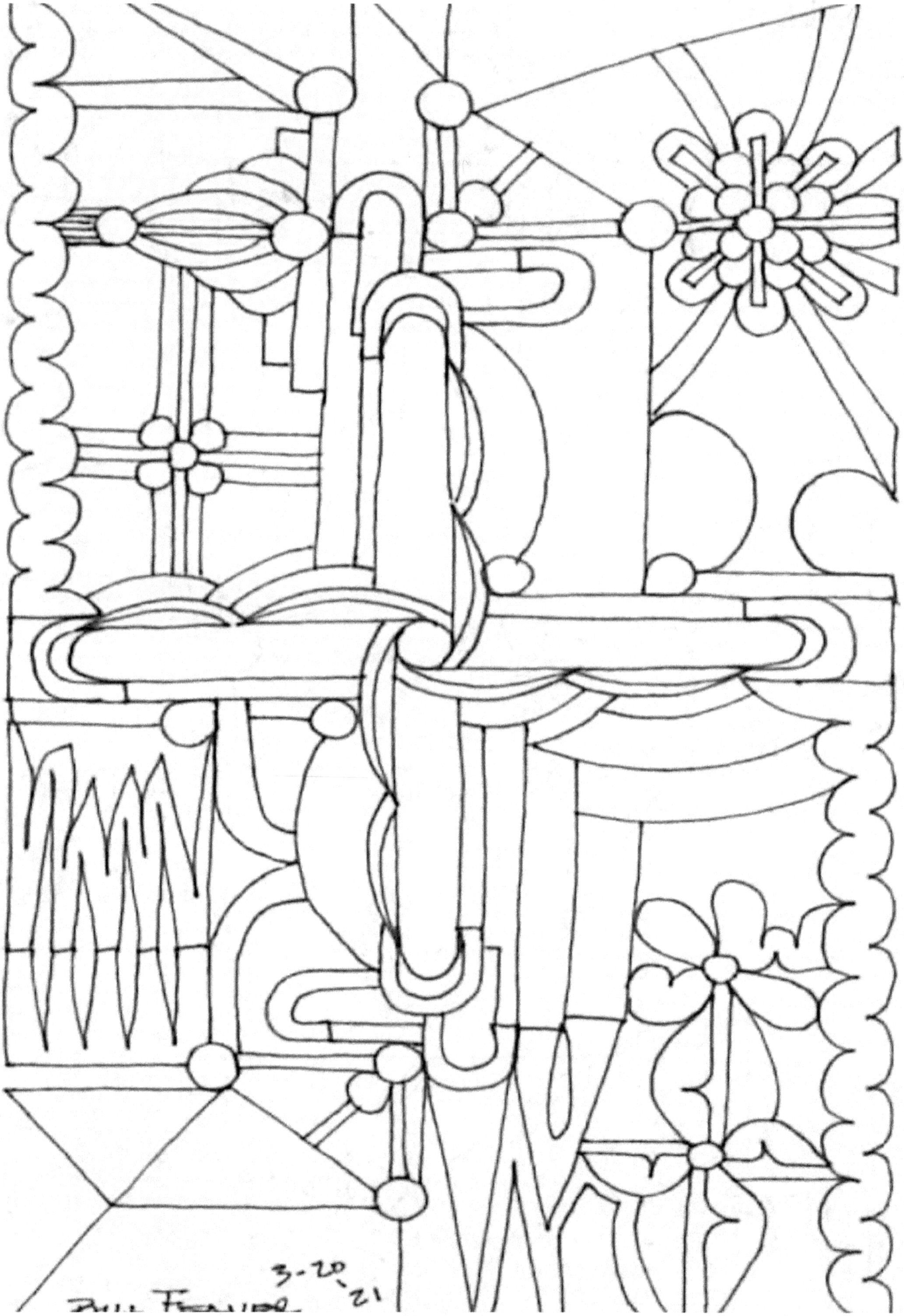
3-20-21

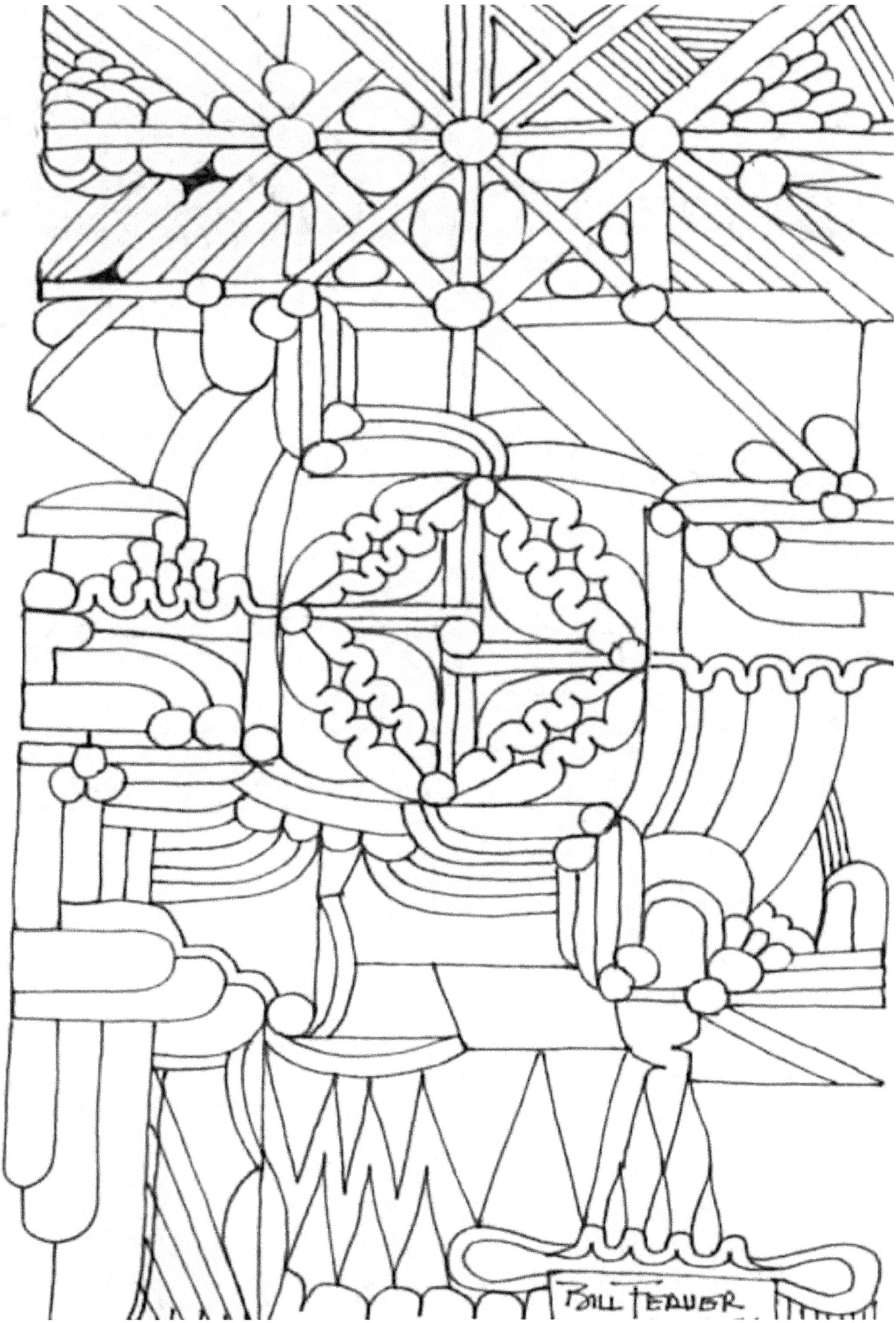
BILL TEAUER

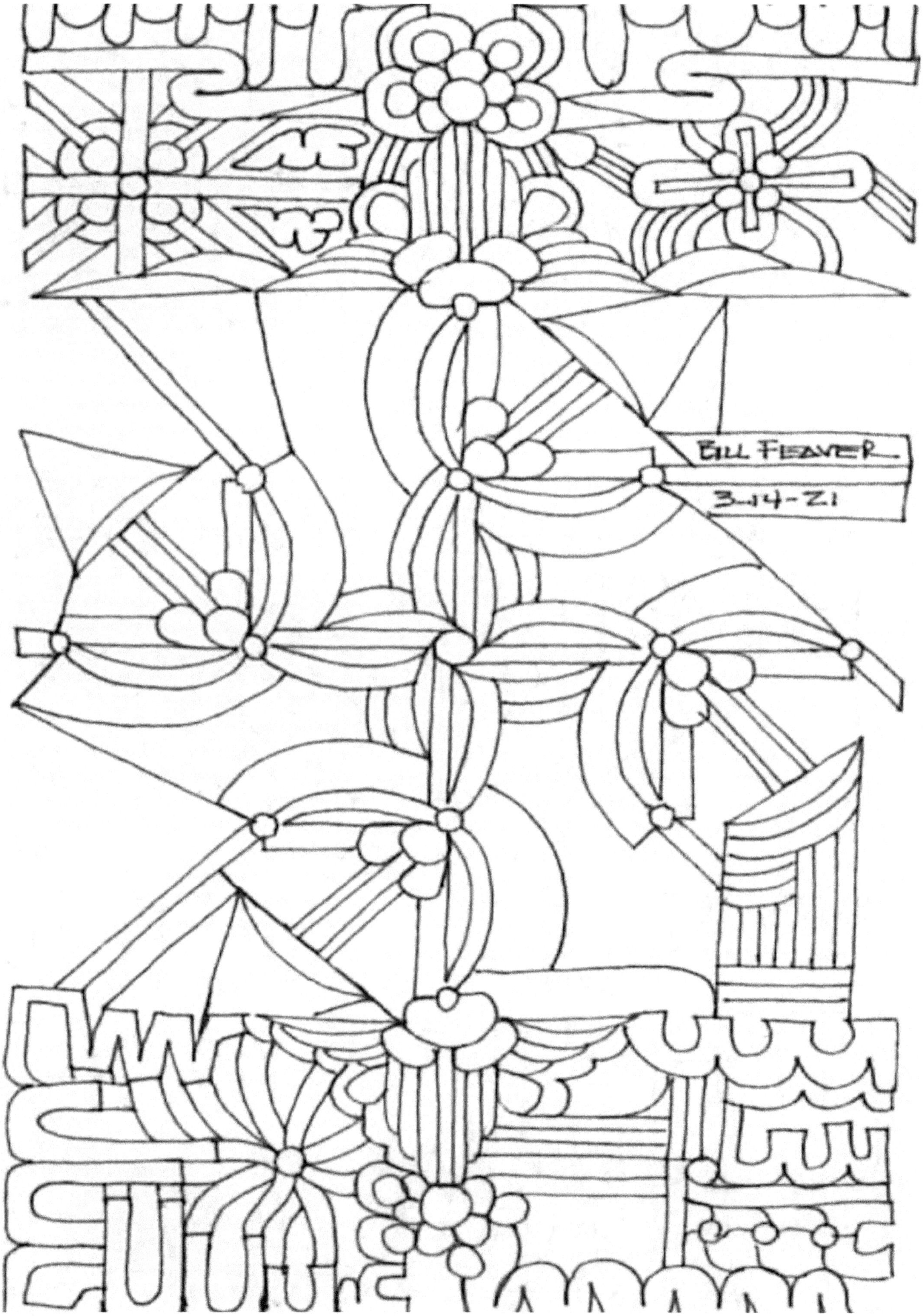
BILL FEAVER
3-14-21

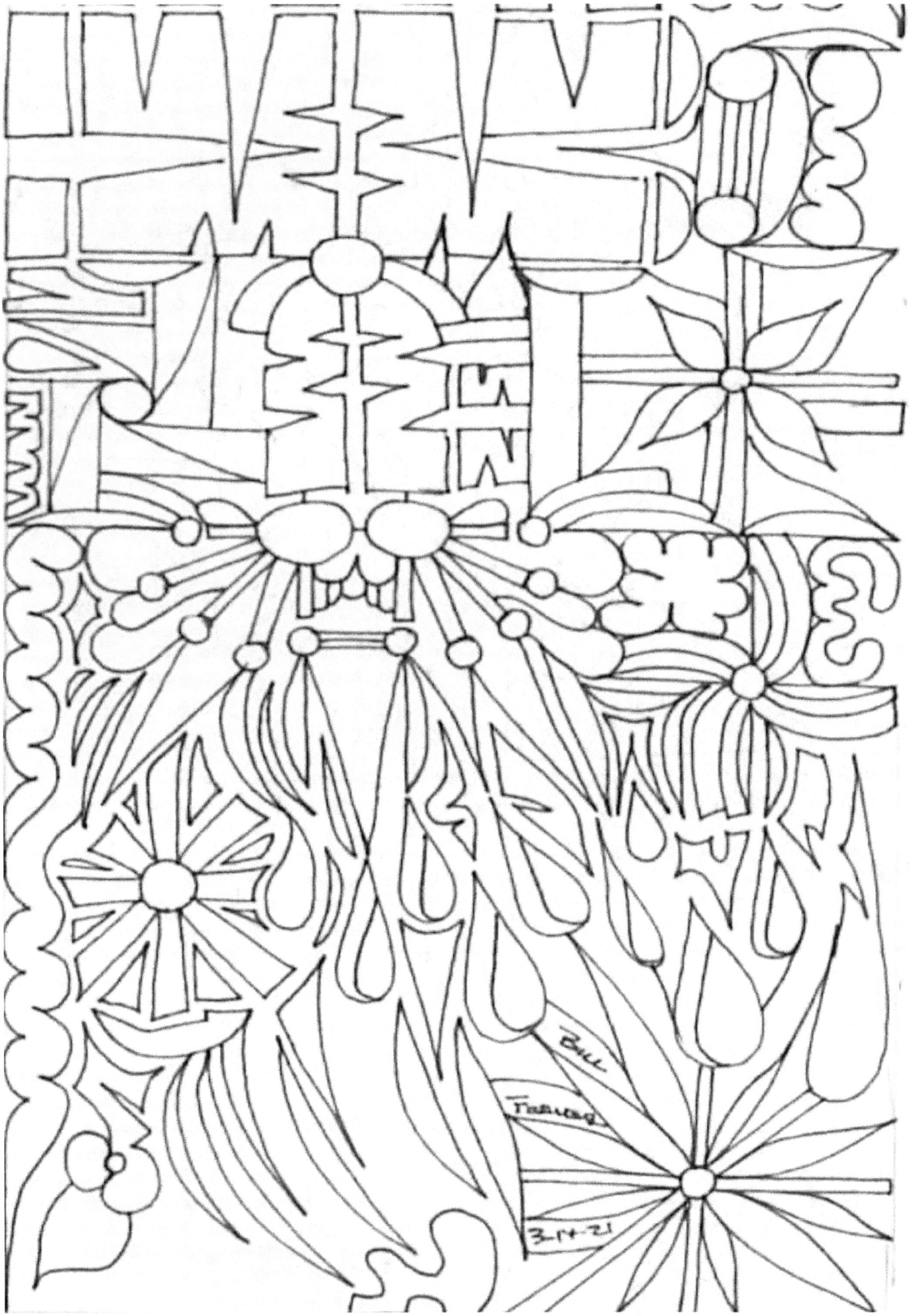
3-14-21

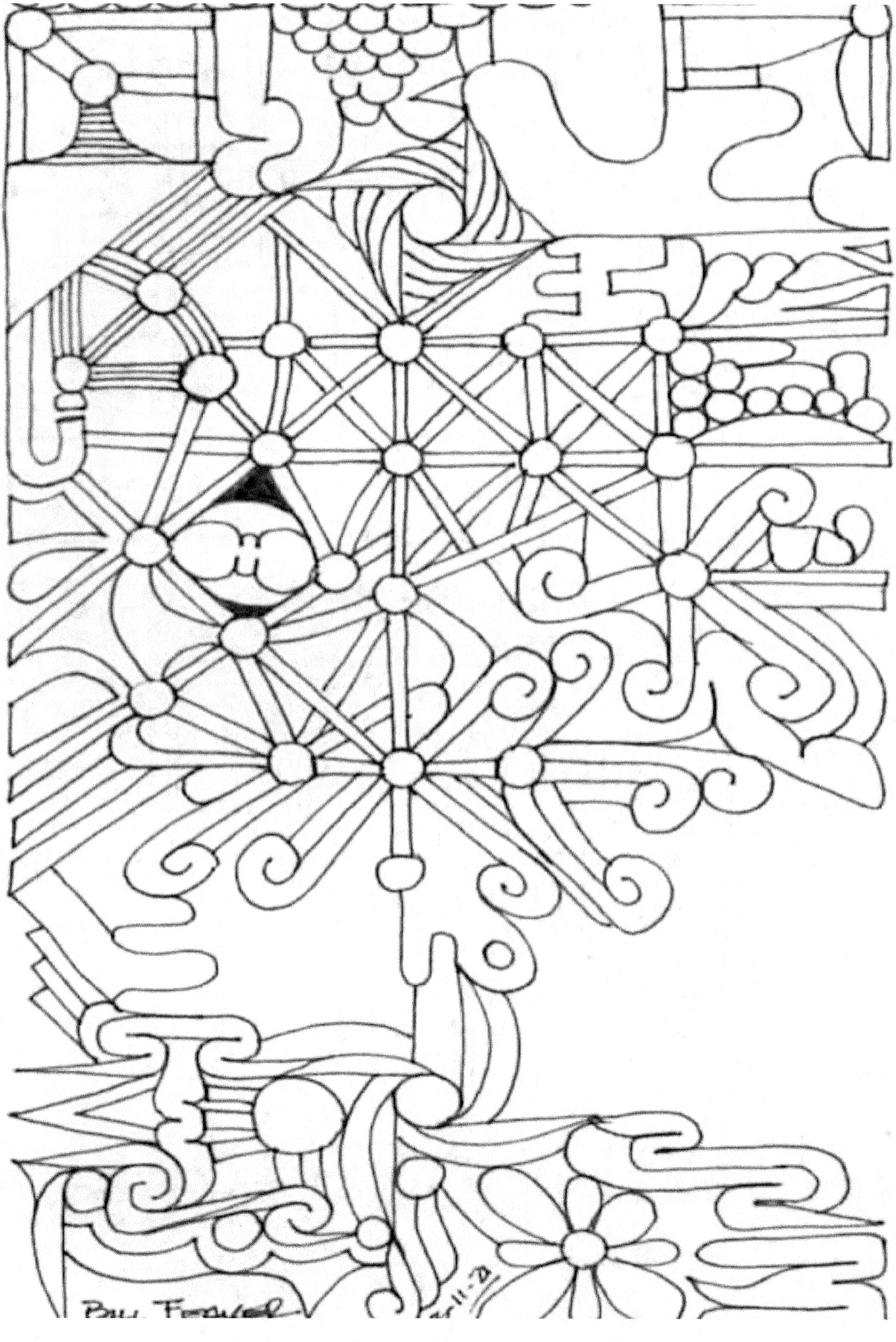

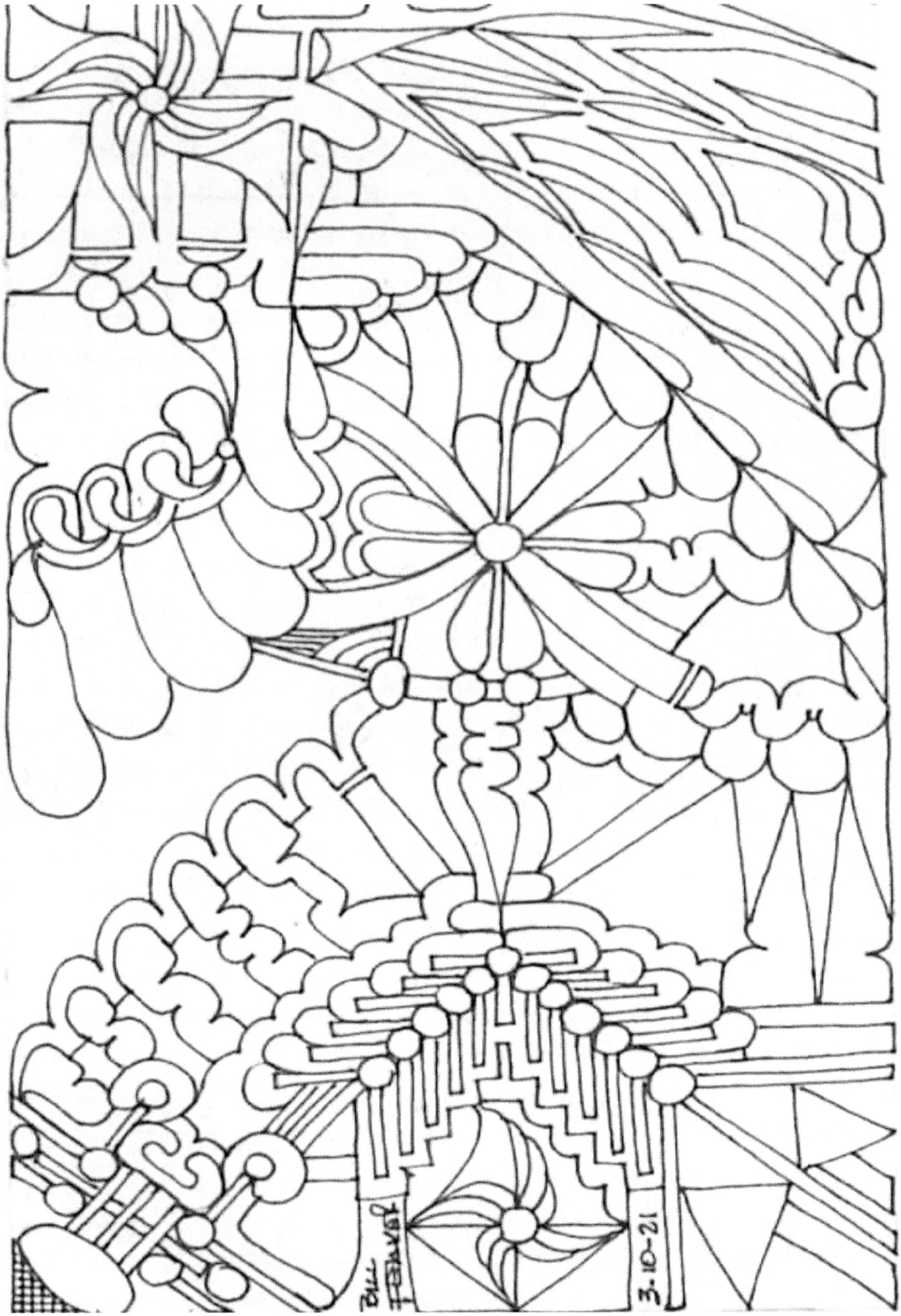
Bill
3-10-21

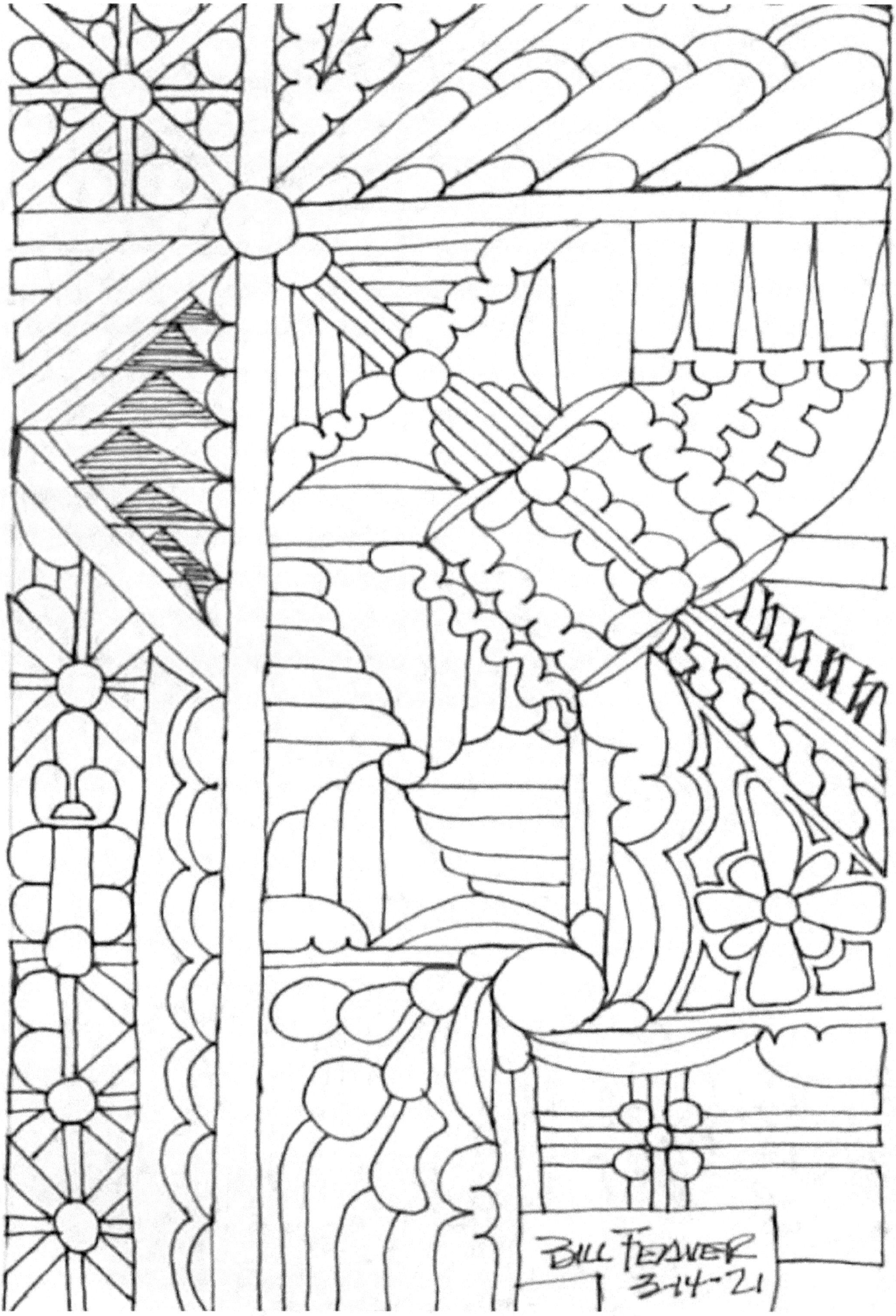
BILL TEAVER
3-14-21

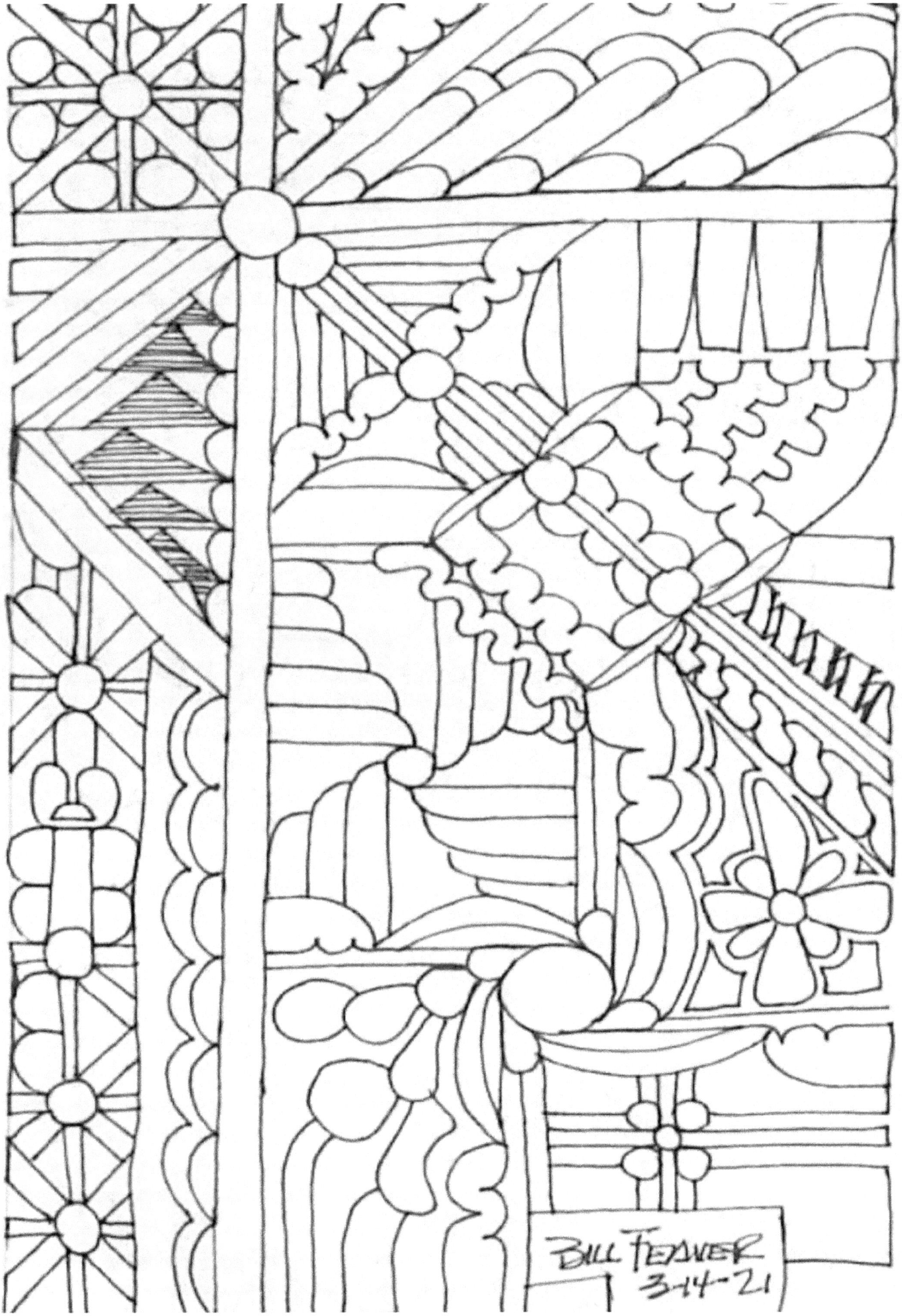
BILL TEAVER
3-14-21

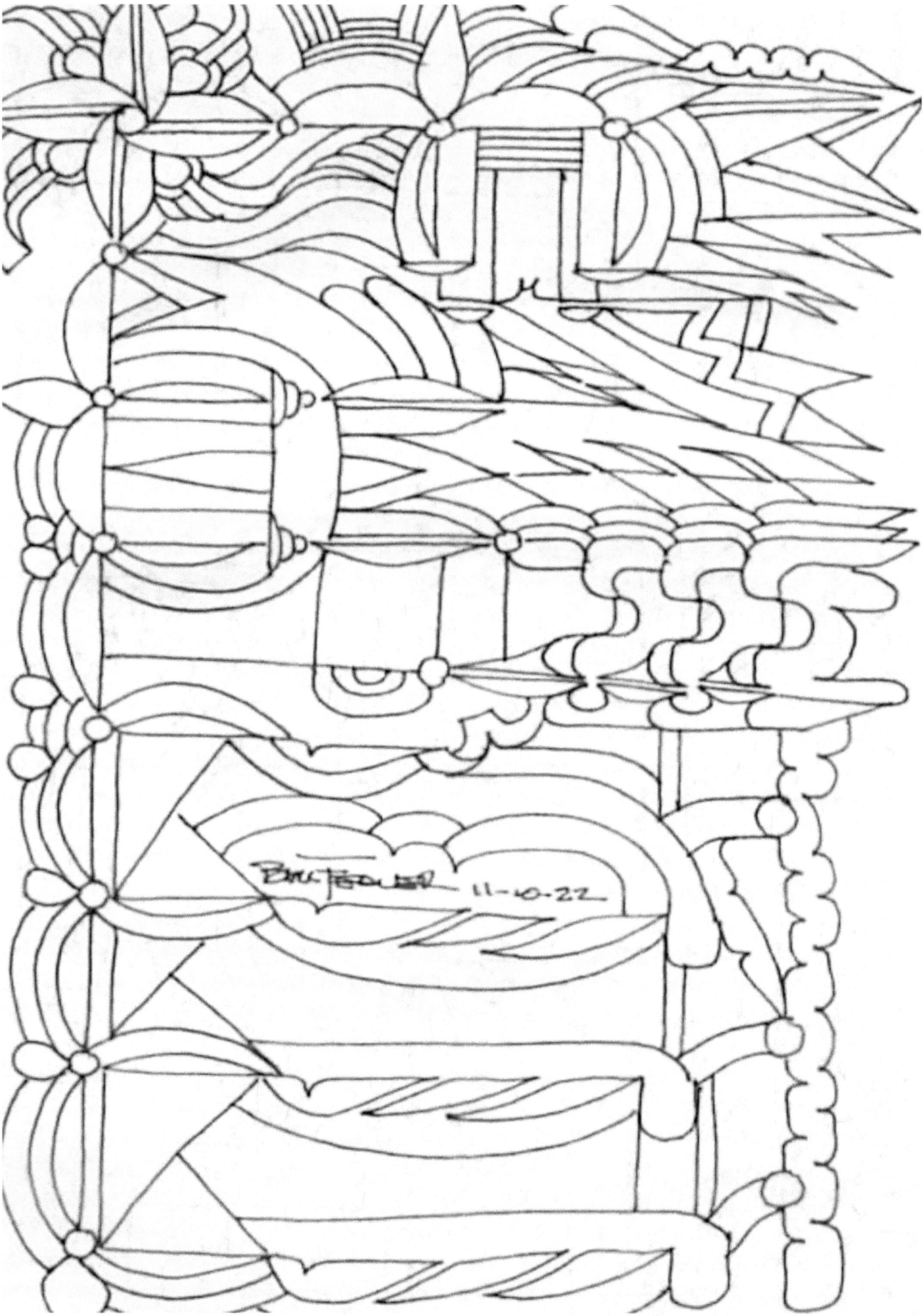
11-10-22

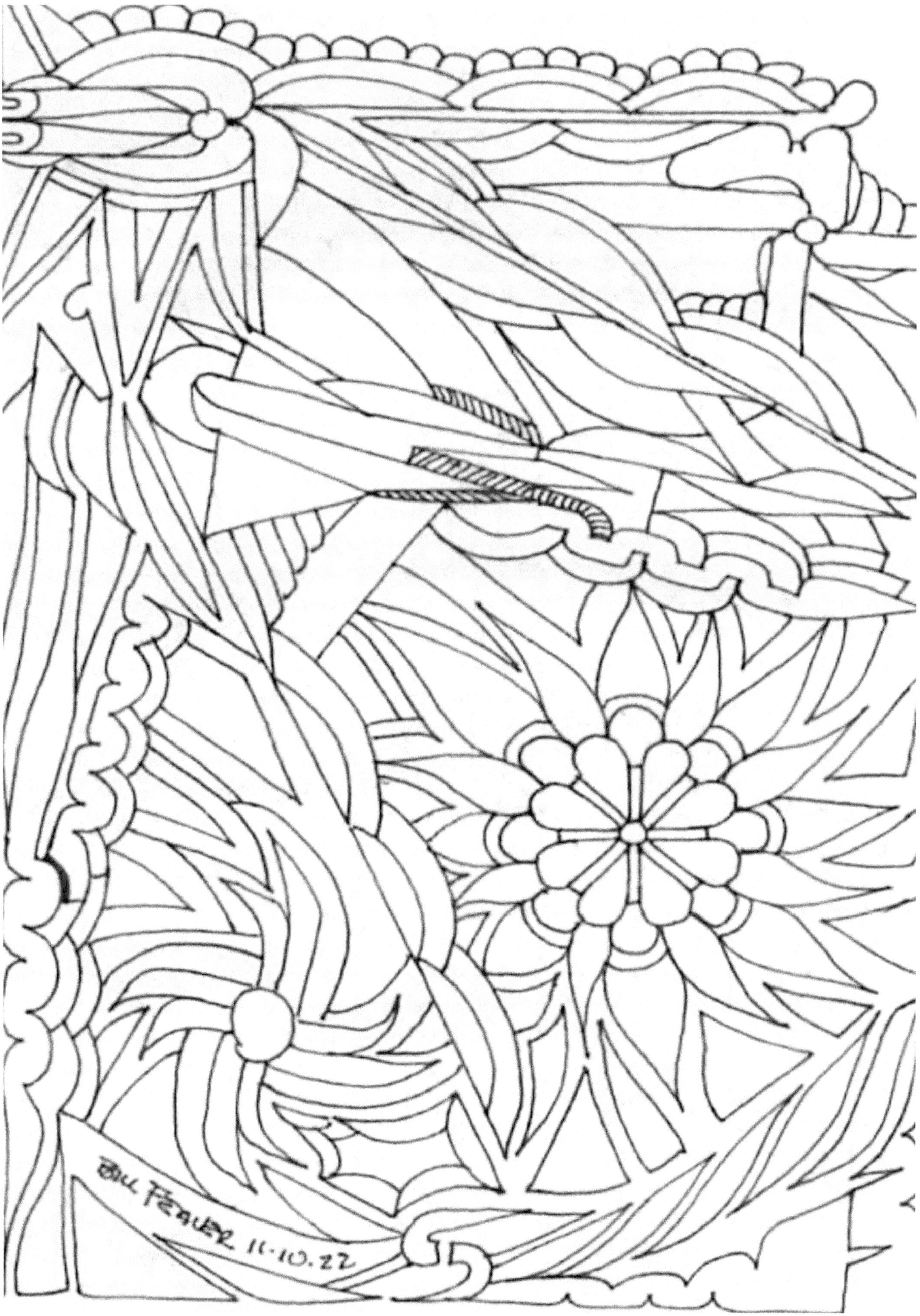
BILL FEAVER 11-10.22

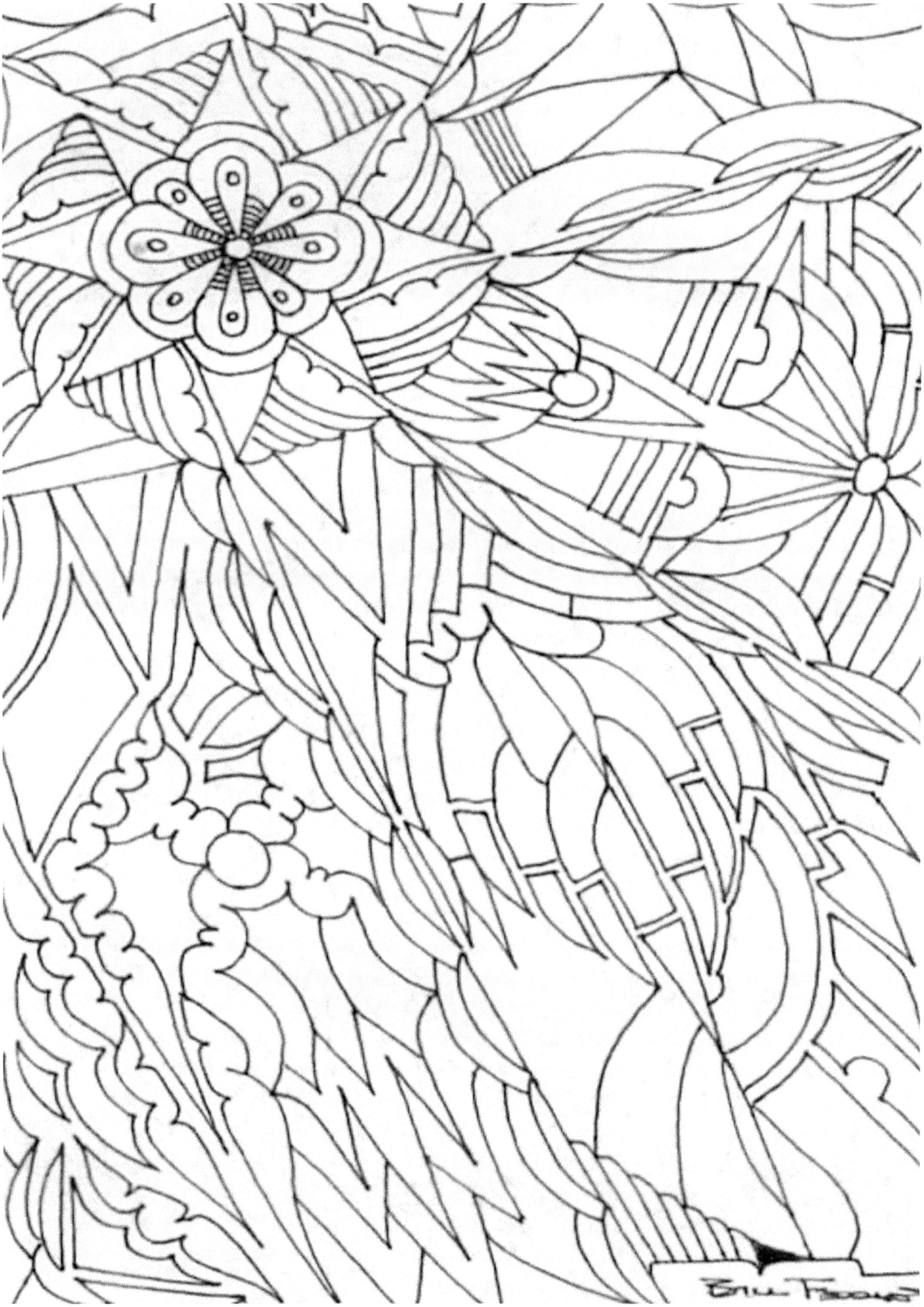

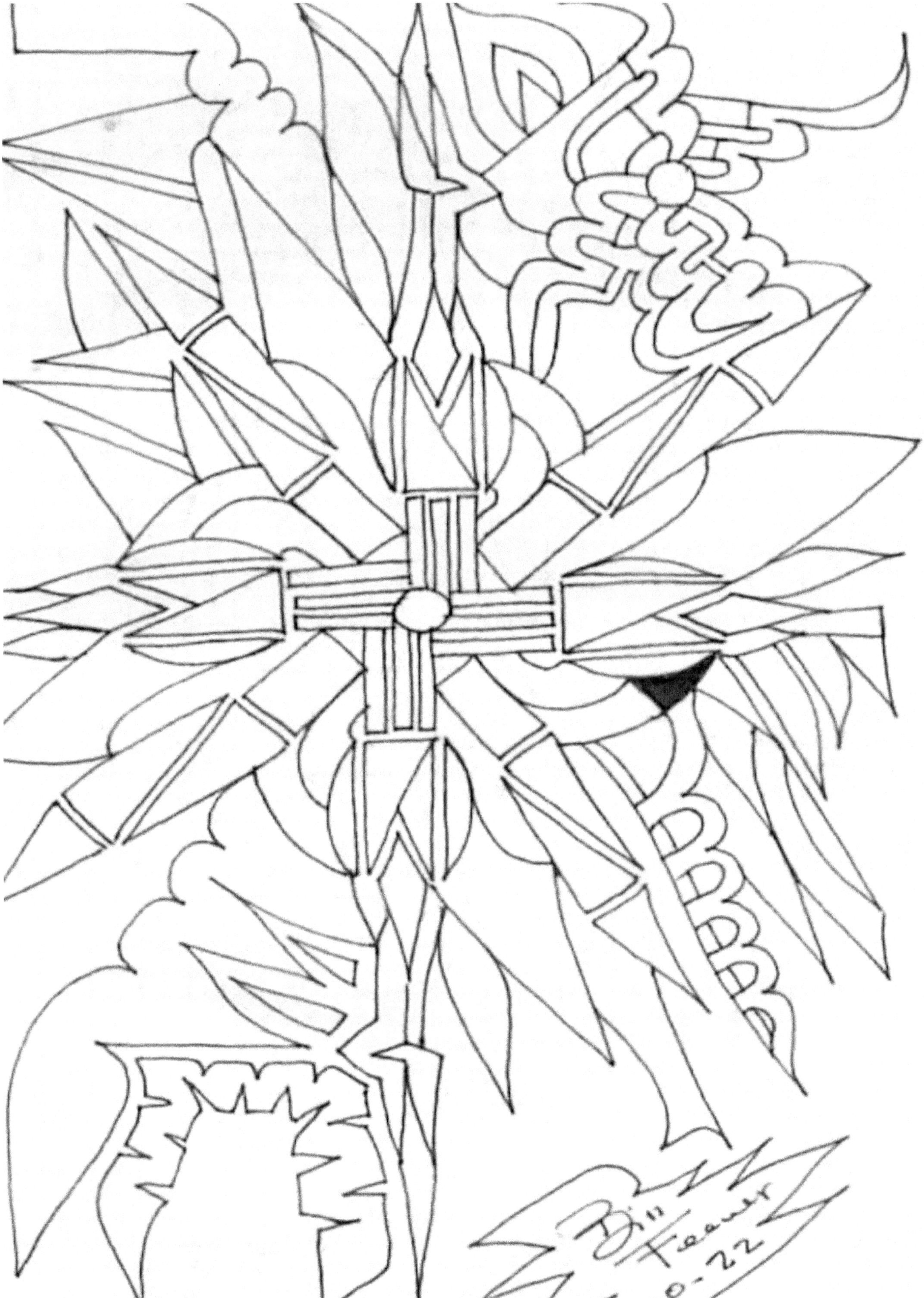
10-22

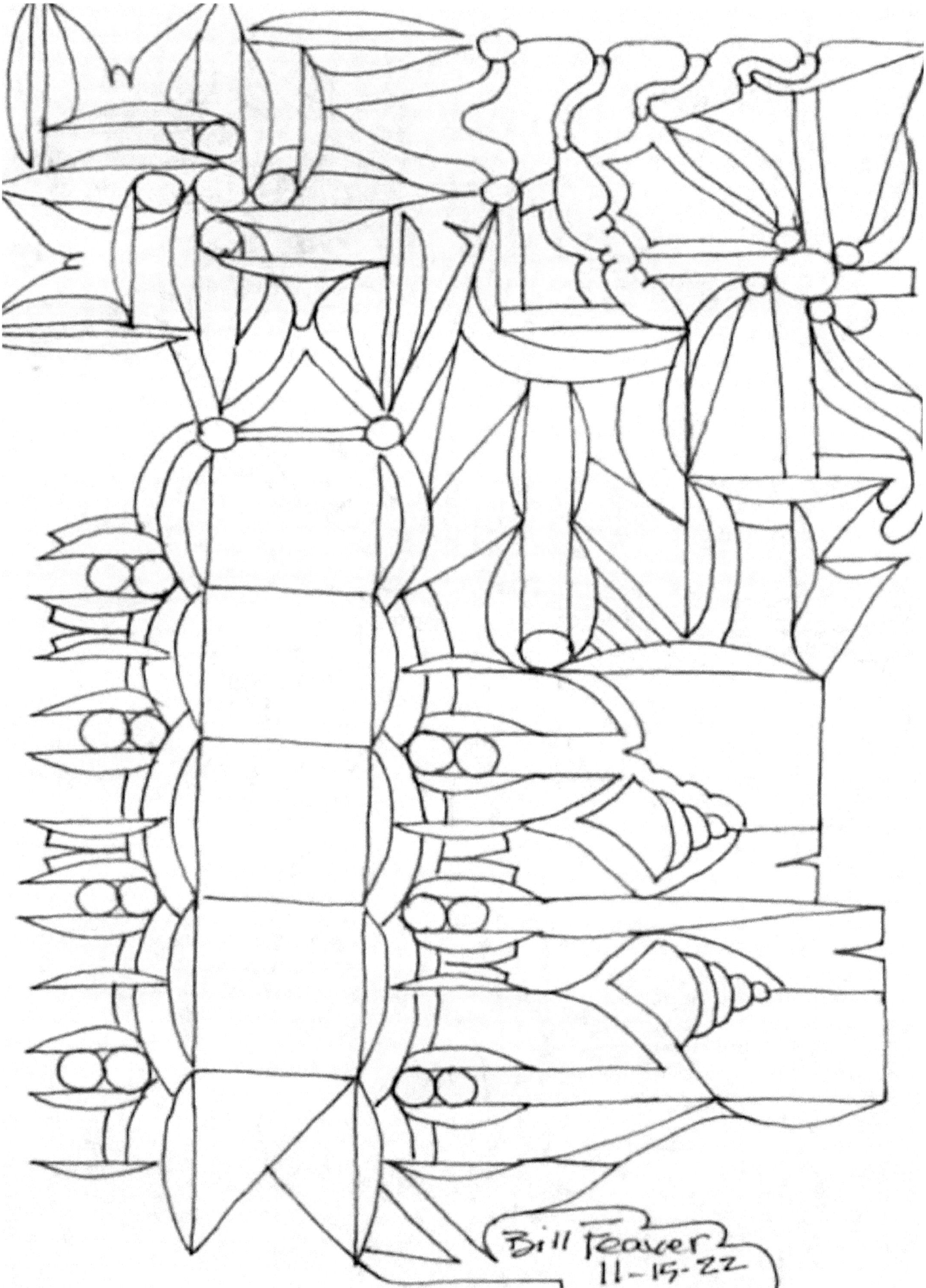
Bill Feaver
11-15-22

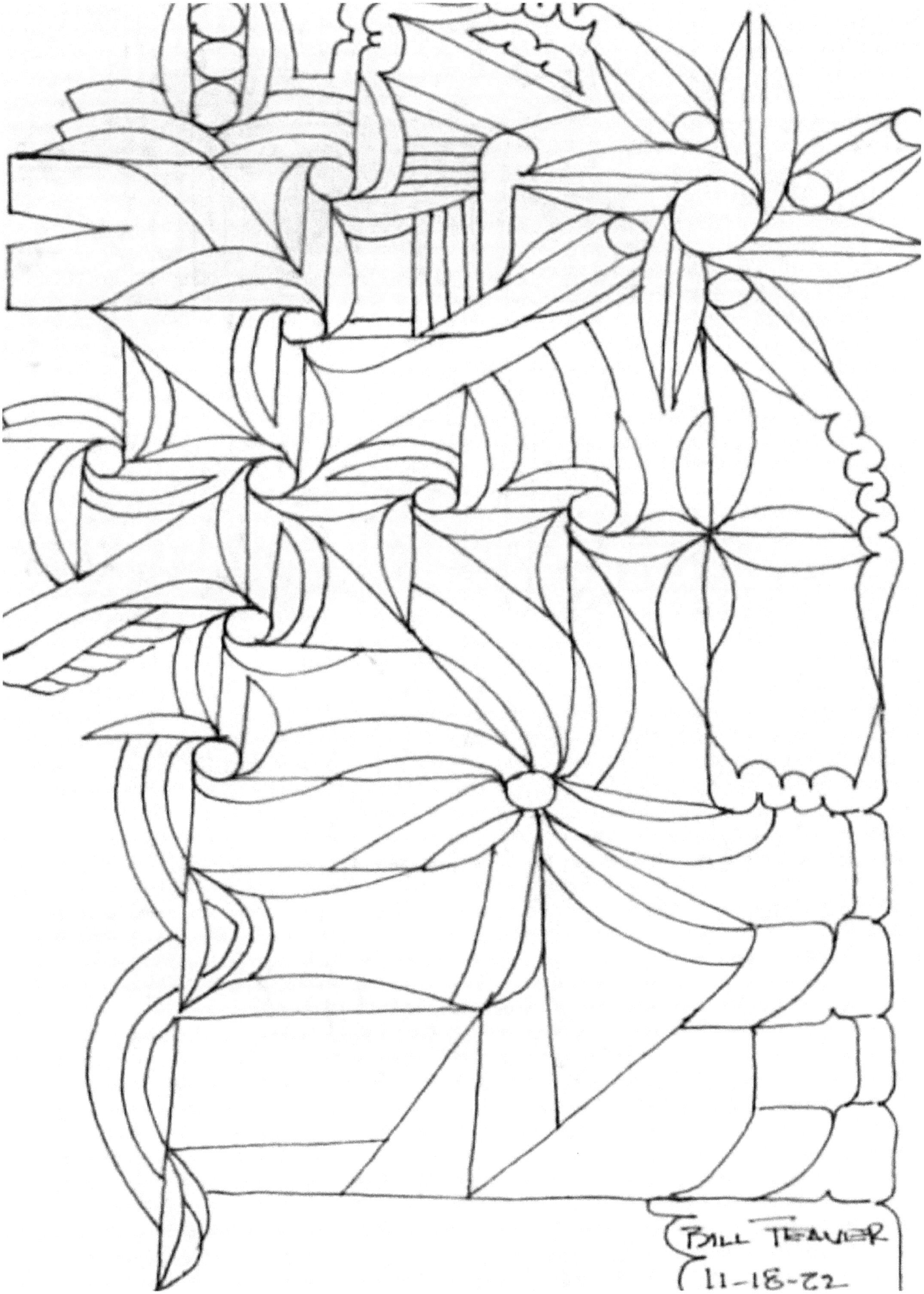
BILL TEAVER
11-18-22

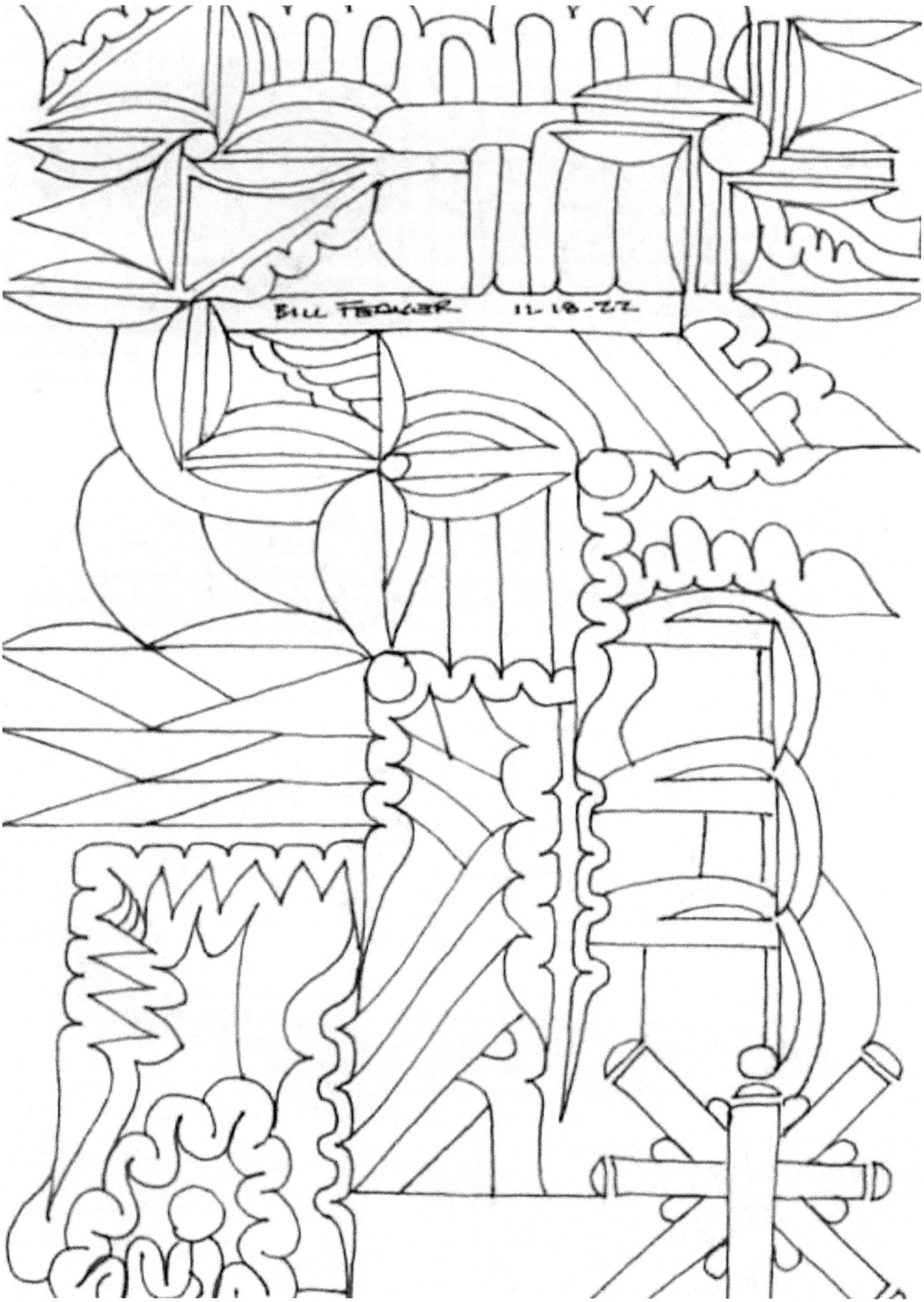
BILL
11-18-22

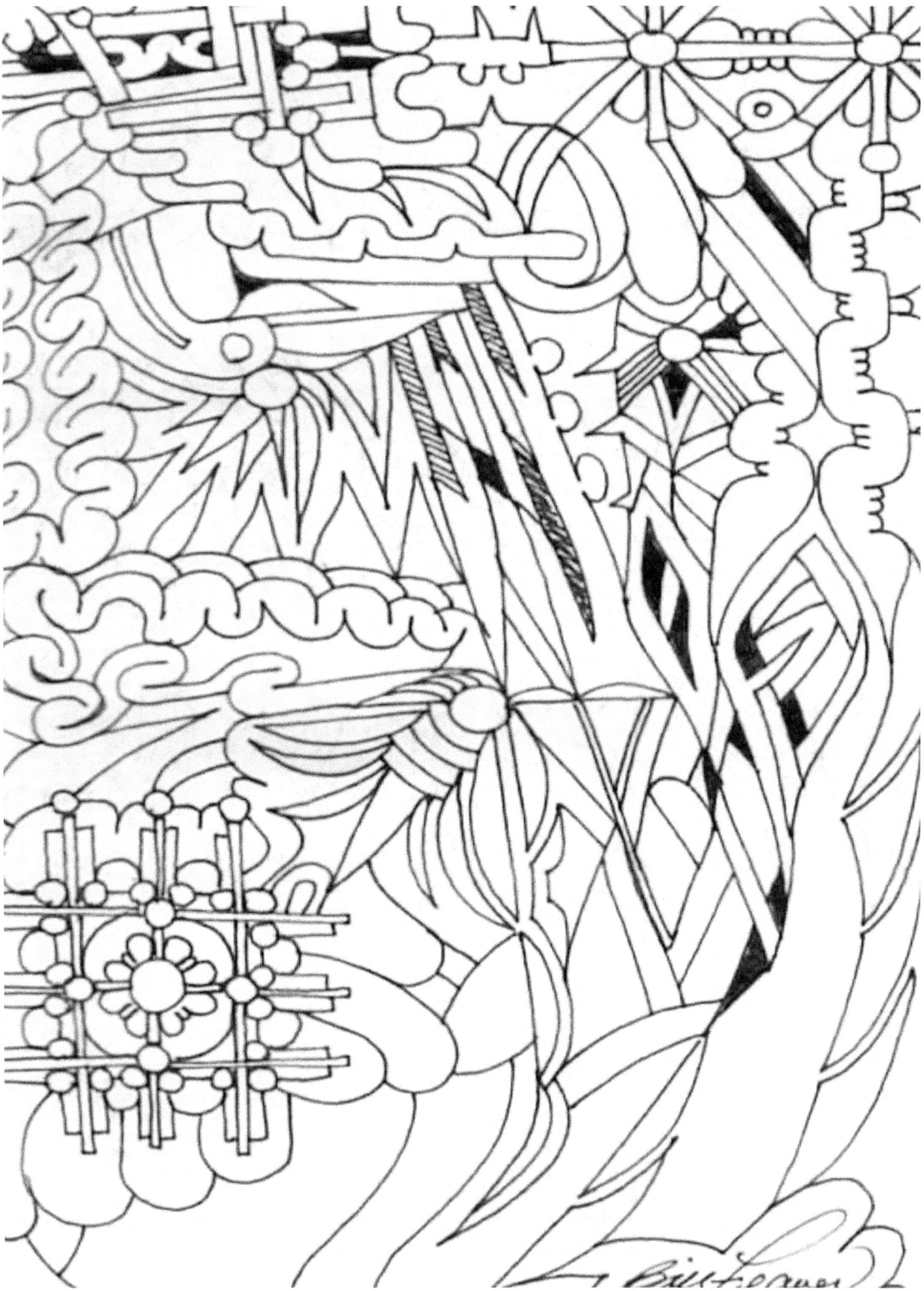

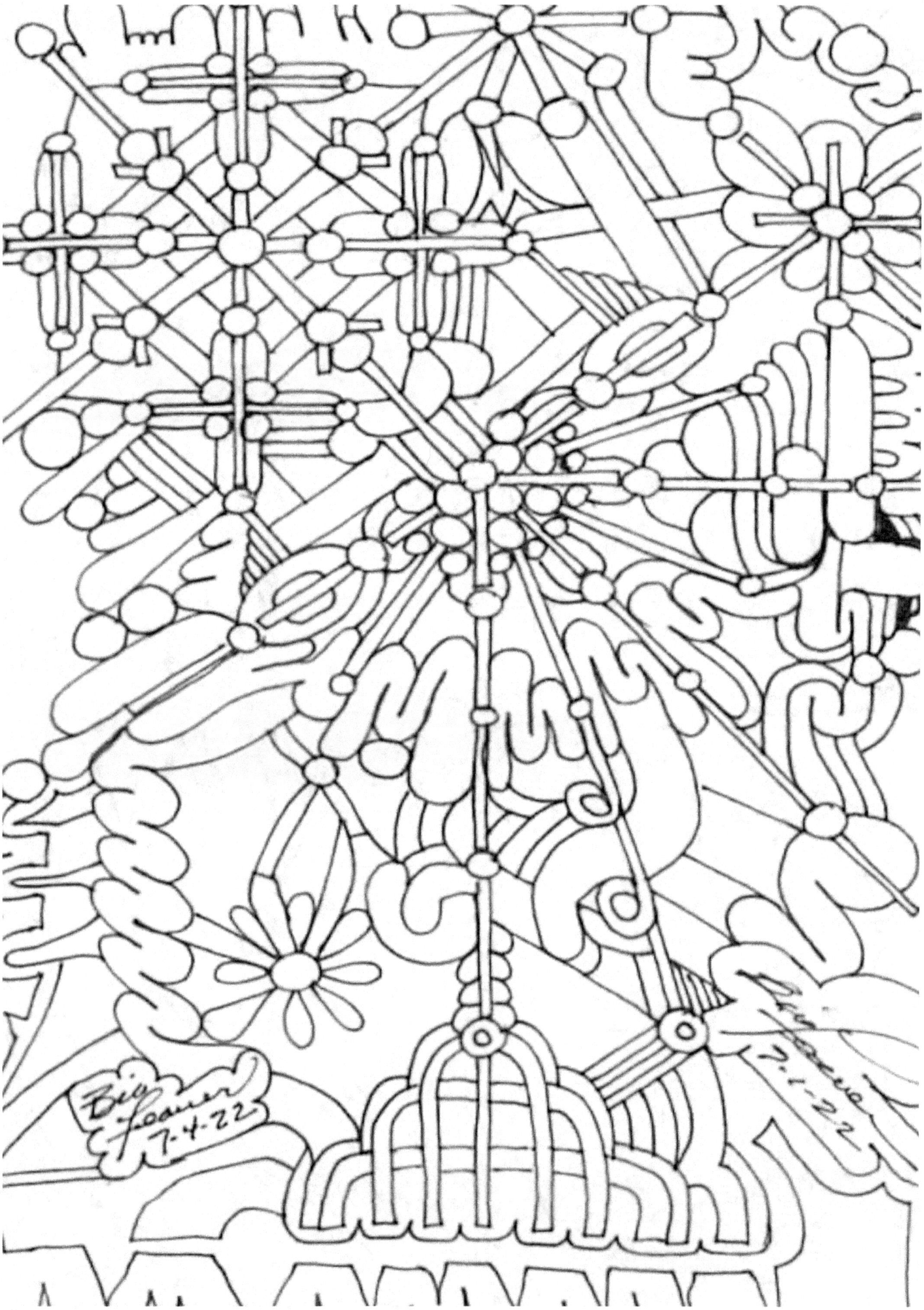
7-4-22

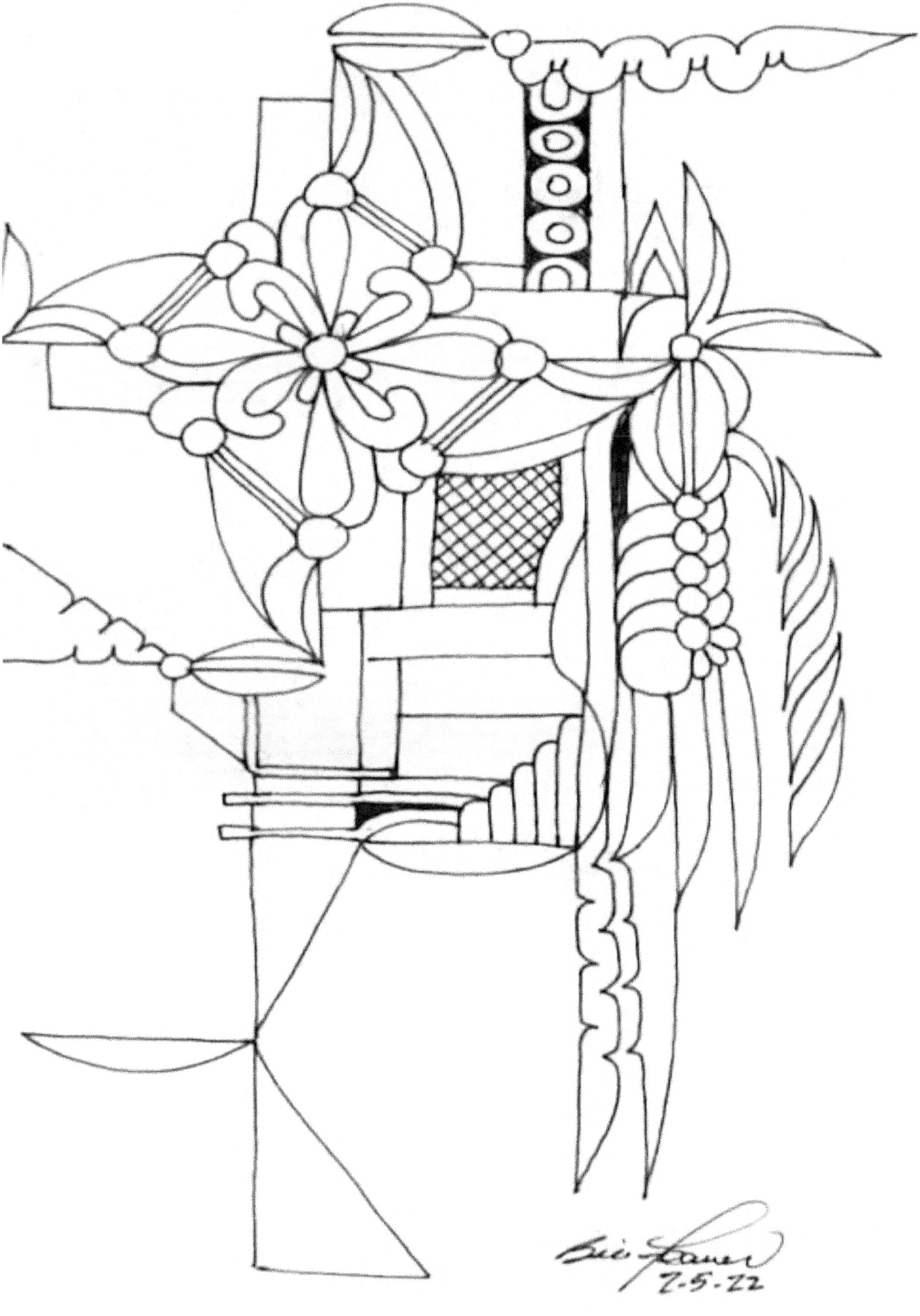
7-5-22

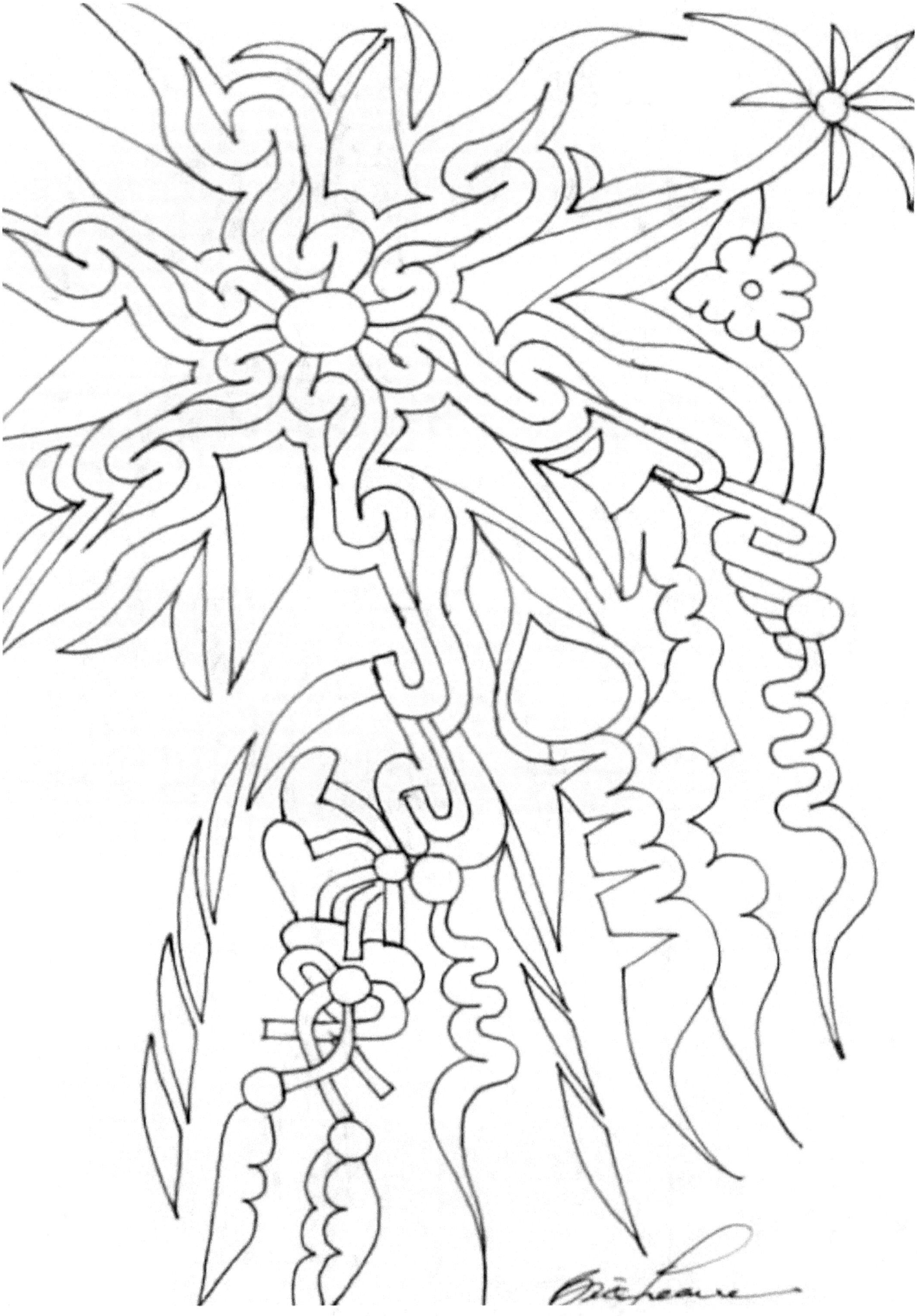

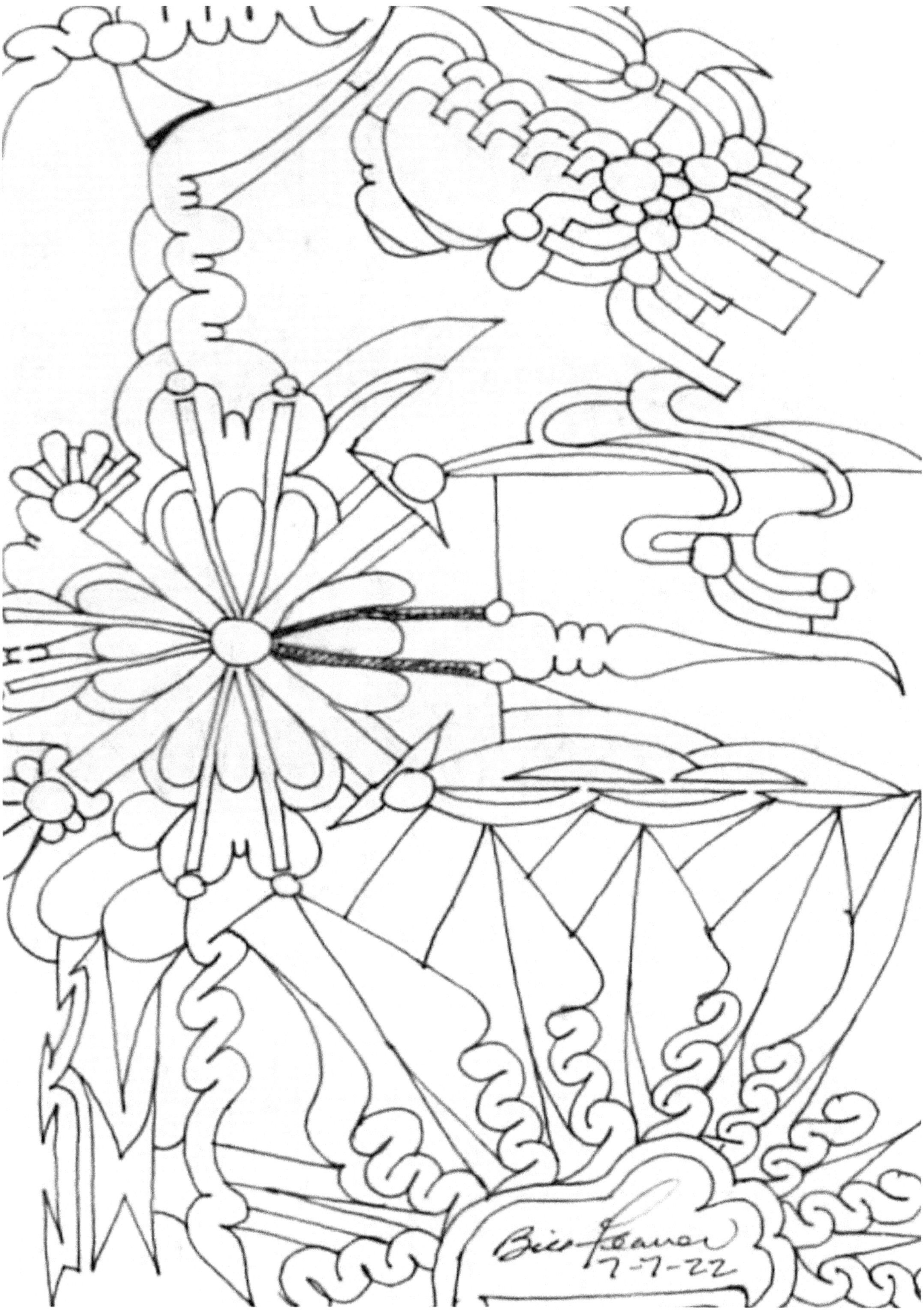
7-7-22

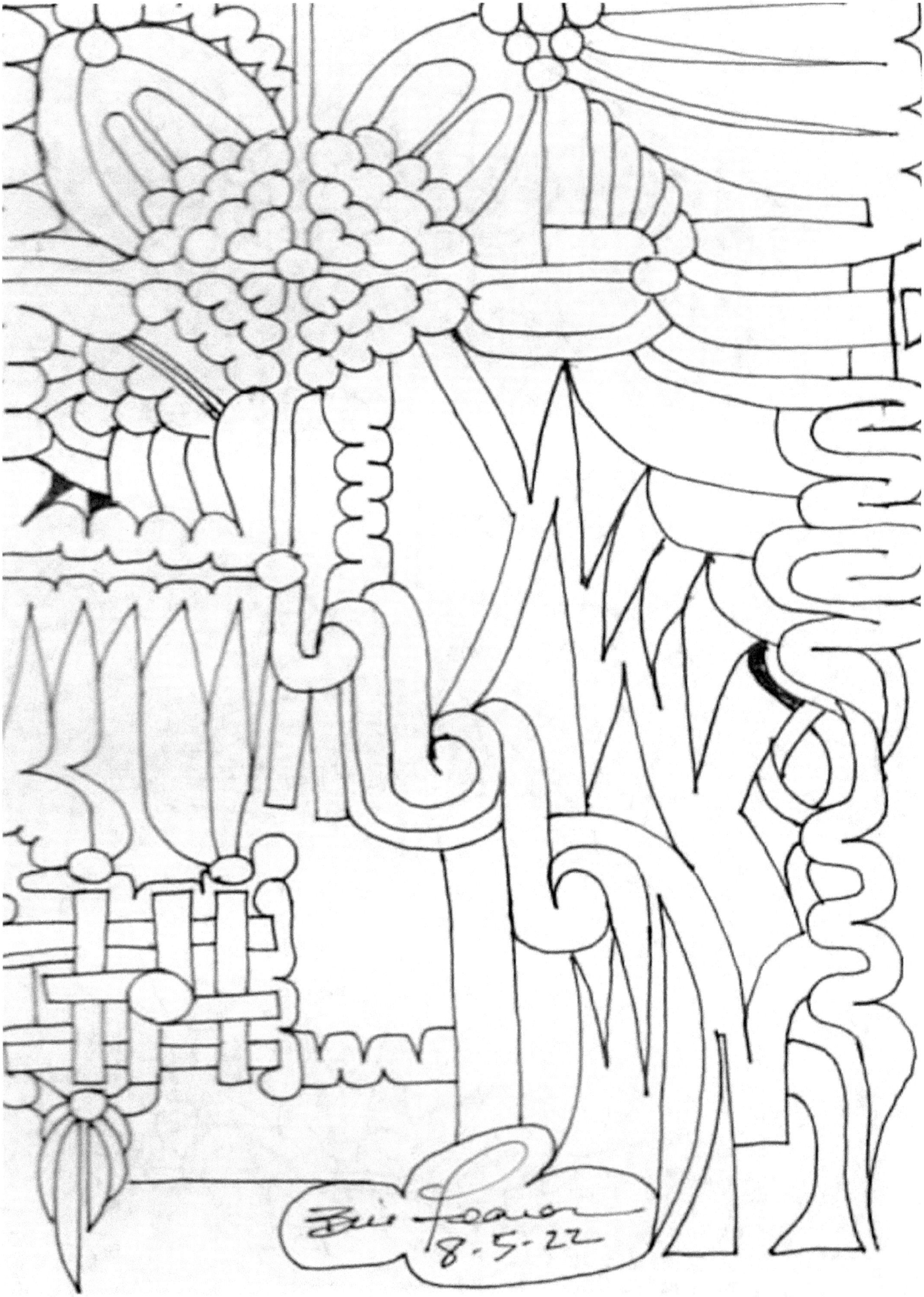
8-5-22

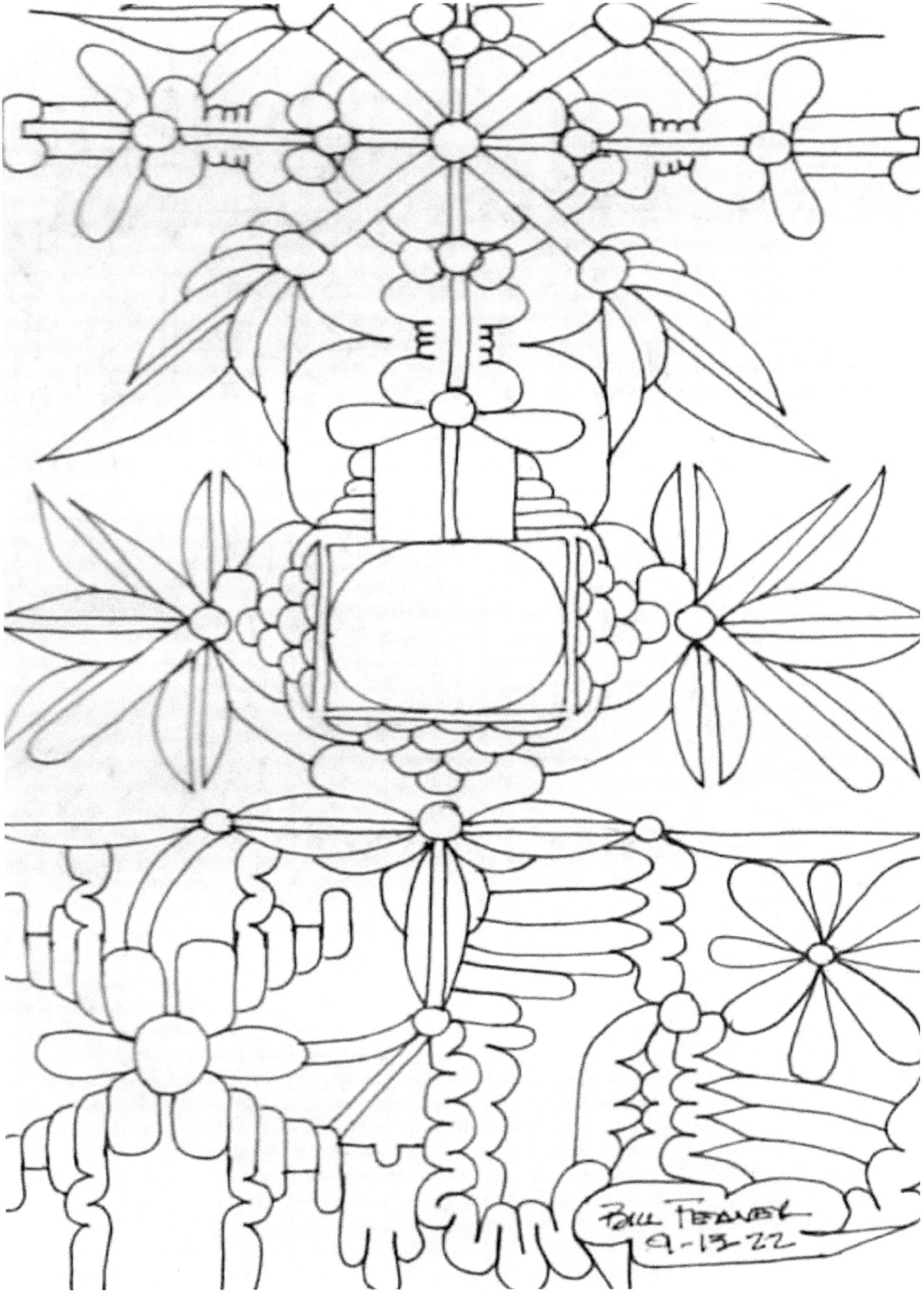
9-13-22

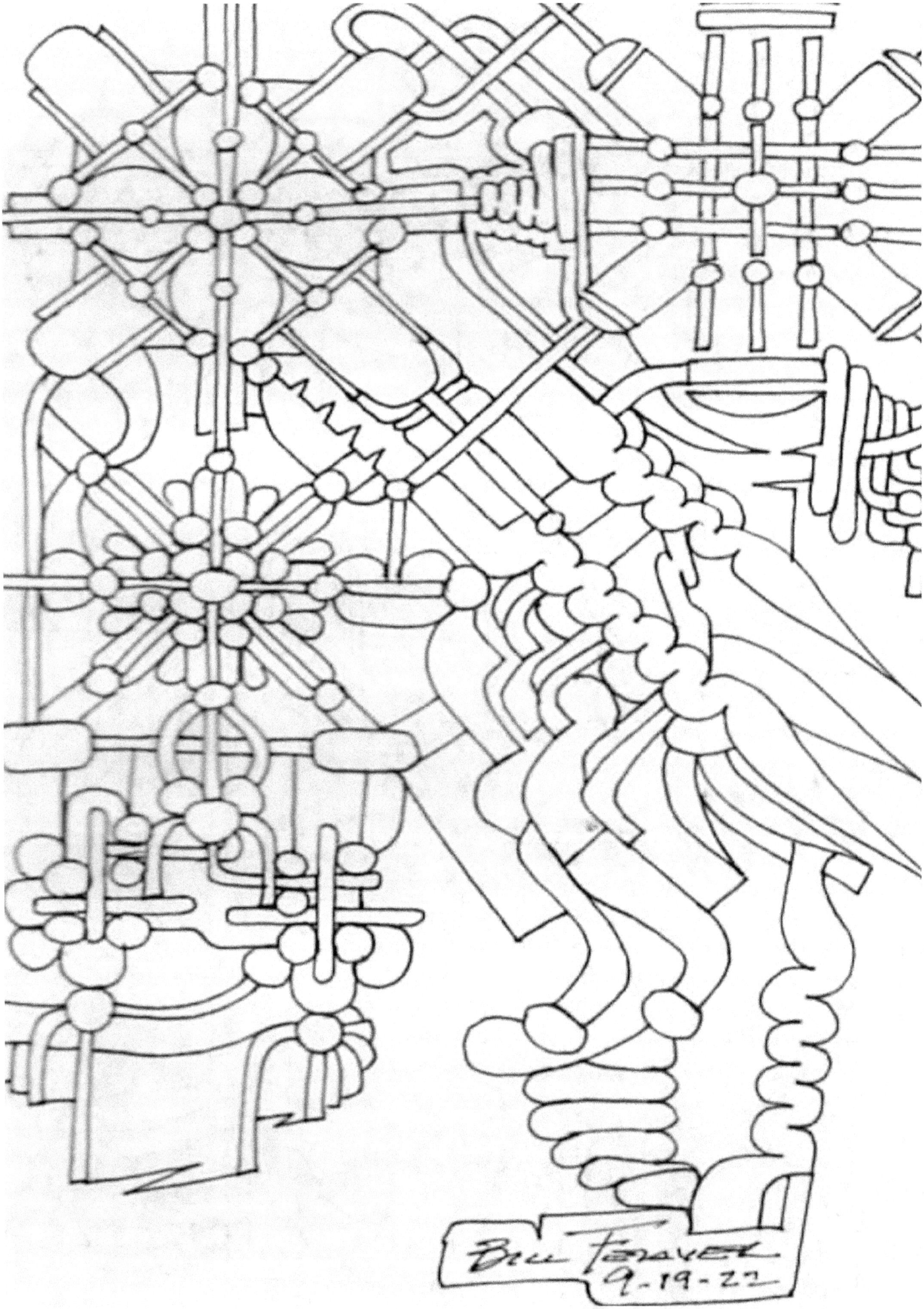
9-19-22

www.ingramcontent.com/pod-product-compliance
Lightning Source LLC
Chambersburg PA
CBHW080913220526
45467CB00021BA/3432
* 9 7 9 8 3 8 8 4 9 8 2 2 9 *